首都高端智库

首都发展与战略研究院

RUC Capital Development and Governance Institute

接诉即办的治理逻辑

李文钊◎著

中国人民大学出版社

·北京·

目　录

导论

接诉即办的思想之旅

在人类历史的长河中，四年弹指一挥间。于 2019 年 1 月开始的北京市接诉即办改革不知不觉已走过 4 个年头，它一定会在首都治理史上留下浓墨重彩的一笔，甚至会成为中国治理史的重要篇章。究其原因，接诉即办以其丰富的创新实践和牵一发而动全身的系统变革回应了人类社会重要的治理议题，如基层治理、政民互动、协同治理、条块关系、多层次治理、合作生产、前瞻治理等，市民诉求驱动超大城市治理的新范式正在形成雏形。

作为公共管理研究者，笔者有幸从 2019 年开始近距离观察这场以一条热线撬动的“治理革命”，尝试在实践中思考理论和创新理论，在理论中观察实践和推动变革，这构成了独特的思想之旅。《接诉即办的北京经验》[①]一书代表了笔者从2019年至2021年的思考，本书则代表了笔者过去四年多的思考。接诉即办的思想之旅属于社会科学范畴，无论是观察者，还是被观察者，都是有思想的人，这也使得社会科学研究不同于自然科学研究，它需要通过双重建构来实现对实践的认知。一方面，研究者需要对实践者在从事治理活动时是如何思考的进行建构，这样才能够对治理行为有更好的理解；另一方面，研究者还需要对包含着实践者建构和行为的实践进行再建构，来形成一套对治理实践的理论认知。

首先，接诉即办的思想之旅始于“治理之问”的提出，即党的初心

---

① 李文钊 . 接诉即办的北京经验 [M]. 北京：中国人民大学出版社，2021.

和使命如何转化为治理实践？其次，基于“技艺—人工品”的哲学范式，我们要对接诉即办的实践进行理论性认知，就需要先对接诉即办是什么进行研究，探究其所包含的事实要素和价值要素。再次，基于界面治理分析框架，讨论接诉即办改革实践背后的治理逻辑，回答接诉即办是如何治理的，接诉即办何以牵引超大城市治理。最后，对全书的框架结构进行简要的说明。

一、“治理之间”的提出

只要有人类社会，就会有行政和治理。西蒙等从最广泛的意义上给行政下了一个定义，认为“行政是一群人的行为合作完成目标”①，共同目标和合作行为是判断行政的两个核心构成要素。当行政从组织扩展到组织间和政府与社会互动时，行政问题就转化为治理问题。尽管如此，治理仍然包含着行政的两个最核心的要素，即共同目标和合作行为，但是合作行为的主体从个人间扩展到组织间、组织与个人间、政府与其他组织间，并且更加强调合作的场域。行政和治理对于人类福祉非常重要，高质量的行政和治理是发展的基础。但是，人类常常会陷入治理困境，如“公地悲剧”、社会困境、集体行动问题等就是其中的理论典型，在现实中则表现为环境污染、数字鸿沟、基础设施缺乏、贫困、犯罪等社会问题，在城市治理的情景下则是“大城市病”问题。治理无处不在，善治则是稀缺品。正是在这样的背景之下，中国提出了“完善和发展中国特色社会主义制度，推进国家治理体系和治理能力现代化”的全面深化改革的总目标。国家治理体系和治理能力现代化也是中国式现代化的重要组成部分，回应这一时代命题是公共管理学科的使命和职责所在。

① Simon H A, Smithburg D W, Thompson V A. Public administration[M]. New Brunswick, NJ: Transaction Publishers, 1991:3.

正如“中国式现代化，是中国共产党领导的社会主义现代化，既有各国现代化的共同特征，更有基于自己国情的中国特色”[①]一样，国家治理体系和治理能力现代化同样也是中国共产党领导的国家治理体系和治理能力现代化，既有各国国家治理体系和治理能力现代化的共同特征，更有基于自己国情的中国特色。对于中国国家治理体系和治理能力现代化而言，需要回答的最根本性治理问题是：党的初心和使命如何转化为治理实践？我们把这一问题称为中国的“治理之问”，它需要回答在中国共产党领导之下，如何通过治理创新来实现人民生活幸福和中华民族的伟大复兴。

对于接诉即办的研究，也可以放在国家治理体系和治理能力现代化的背景之下进行，它是回应中国情景之下的“治理之问”的探索。接诉即办改革的设计初衷是追求民有所呼、我有所应，提升为民服务水平，实现以人民为中心的目标，这本身就是践行党的初心和使命。因此，接诉即办改革是一种“治理之问”的实践探索，旨在通过回应市民诉求、促进问题解决、及时反馈和“主动治理、未诉先办”来实现让人民生活幸福，这是寻找初心使命的治理之道。接诉即办改革是在超大城市场域下进行的治理实验，从某种程度上看，它也是超大城市治理新路的北京探索。简言之，北京市接诉即办改革是在超大城市回应“治理之问”的实践，对于它以何种方式回应以及能否有效回应，这是公共管理研究者需要关注的重要问题。

二、接诉即办的事实要素和价值要素

对接诉即办的理论研究，离不开对接诉即办是什么的讨论。对于

① 习近平．高举中国特色社会主义伟大旗帜 为全面建设社会主义现代化国家而团结奋斗：在中国共产党第二十次全国代表大会上的报告 [M]. 北京：人民出版社，2022：22.

接诉即办的本体，不能仅从自然物的视角进行分析，究其原因，接诉即办是人工品，需要一种不同于研究自然物的哲学和科学来进行探究[①]。哲学家休谟最早提出了自然物和人工品的区别，他认为人工品不同于自然物，人类的设计、项目和观点是人工品的重要组成部分，正如热和冷、干和湿等是自然物的组成部分一样。为此，他进一步指出："行动本身是人工品，它们的实施需要依托一定的设计和倾向。"[②]政治学家、公共管理学家文森特·奥斯特罗姆进一步将休谟有关自然物和人工品的思想发展成为"技艺—人工品"的哲学范式，并将之于应用于对组织和治理的研究，强调治理作为一种人工品的独特属性[③]。

通过引入技艺这一概念，奥斯特罗姆进一步对人工品的本质特征进行了阐述，指出人工品是由具有观念、偏好和价值的人类运用技艺设计和创造的产物，技艺是创造过程，人工品是创造结果。人工品最基本的特征是物品包含着价值要素，人工品不可能化约为自然物，它体现了人类原则，它是事实要素和价值要素混合的产物，对其也需要从目的和价值的视角来进行认知。这意味着，理论问题不可能完全简化为事实问题，一旦从"技艺—人工品"的哲学范式研究接诉即办，接诉即办就是一项包含设计者意图、价值和观念的人工品。因此，研究"接诉即办"，既需要关注接诉即办的事实要素，也需要关注接诉即办的价值要素，事实和价值应该成为我们发展接诉即办理论同等重要的基础。

作为人工品的接诉即办，既包括客观本体，又包含主观本体。这里客观本体是指事实外在于人类存在，当然人类可以从不同角度对事实进

① Simon H A. The sciences of the artificial[M]. Cambridge, MA: MIT Press, 2019.

② Blomquist W, Lutz D, Oakerson R J, et al. The practice of constitutional development: Vincent Ostrom's quest to understand human affairs[M]. Lanham: Lexington Books, 2008.

③ Ostrom V. Artisanship and artifact[J]. Public administration review, 1980, 40(4): 309-317.

行理解和建构；而主观本体则是事实内在于人类自身存在，它是需要依靠人类的认可才存在的事实，属于主体间认可事实。对于客观本体，我们又可以根据是否包含着人类价值，将其进一步区分为物理事实和类型事实。前者是一种纯粹客观事实，不依赖于人类而存在；后者则是一种依托人类概念存在的事实，它体现了人类通过概念分类来认识事实，使得事实成为人类想象的那样。对于主观本体，我们认为它主要是基于创立制度而生存的事实，制度事实是其典型[①]。由此可见，接诉即办既包含着物理事实和类型事实，又包含着制度事实（见表 0-1）。

表 0-1　接诉即办的事实类型

客观本体		主观本体
物理事实	类型事实	制度事实
1. 诉求电话数量 2. 诉求人数 3. 诉求事实	1. 基于分类概念的诉求归类 2. 基于权责概念的诉求归属 3. 基于预测概念的诉求估计	1. 基于考评制度的绩效排名 2. 基于点评制度的道义基础

作为人工品的接诉即办，它还包括价值要素，需要讨论设计者在设计这项改革时所依托的观念、偏好和主张是什么。在这里，价值主要是对接诉即办应该是什么、理想状态是什么、实现什么目标、什么是值得的等问题的伦理判断。简言之，对于接诉即办改革，需要围绕价值定义、价值选择、价值规范和价值判断展开，厘清其背后的价值基石。结合公共管理伦理学和行政职业伦理的理论与实践，接诉即办的价值根基可以围绕公务员及其组织、民众、官民互动等三个层面来阐述。这意味着接诉即办的价值要素主要是对接诉即办的治理主体、治理过程和治理对象的规范，它对政府部门及其行动者提出了更高的价值要求，也对作为治理主体和治理对象的民众明确了价值期望，还对官民如何有效互动规定了价值准则。由此，我们可以形成接诉即办的十个基本

① Searle J R. What is an institution?[J]. Journal of institutional economics, 2005, 1(1): 21-22.

价值，即：（1）为民服务的价值；（2）人民公仆的价值；（3）责任担当的价值；（4）及时回应的价值；（5）专业高效的价值；（6）依法行政的价值；（7）协同一心的价值；（8）弹性适应的价值；（9）诉求适宜的价值；（10）人民满意的价值。对于接诉即办价值根基的梳理，一方面可以起到规范和评判接诉即办行为的作用，另一方面也可以为深化接诉即办改革提供指引和方向。

三、接诉即办的界面治理分析框架

治理如何与实践相契合，一直是治理研究者关注的话题。如果两者不能够很好地匹配，治理有可能成为另一种“迷思”：要么给当地治理实践带来损害，要么仅仅是当局应对环境的“窗饰效应”（windows dressing effect）。事实上，治理研究的早期倡导者罗兹很早就意识到“日常生活”（everyday life）的重要性，强调治理研究的“解释转向”，倡导解释性治理（interpretive governance），重视行动中意义、信念、实践、行动、传统和困境对于治理的影响，并认为不存在一种唯一的治理法则适应所有情景，需要去发掘多样性情景之下的治理故事。对于中国而言，我们需要处理作为舶来品的理论与中国实践之间的关系，要经过话语再建构与实践的再调适实现理论与实践的平衡，这也正是当前中国特色社会科学话语体系讨论的核心。

我们基于西蒙和文森特·奥斯特罗姆提出的“技艺—人工品”和人工科学思想，结合复杂系统理论，提出了一个诊断北京市接诉即办改革的“界面治理分析框架”。界面治理分析框架将界面作为治理研究最核心的变量，定义任何一个治理过程都是治理界面的建构过程，通过治理界面来实现治理功能和目标，从而应对环境的挑战。为此，诊断北京市接诉即办改革实践，可以从治理界面、目标与功能、内部结构、治理环境等四个要素出发对治理过程和治理问题进行分析，从而实现提升治理质量的目的（见图 0-1）。一旦考虑复杂系统治理界面，就涉及如何处理不同治理界面之间的内在组织和逻辑关系，这是分析范式的转换，即由单一界面治理分析到多界面治理体系。

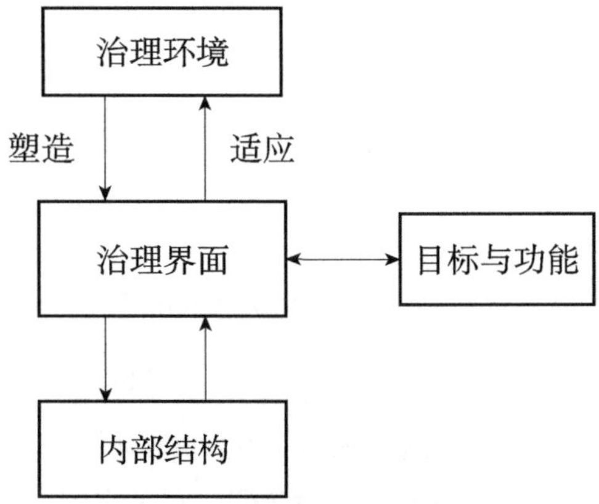

图 0-1　界面治理分析框架

按照界面治理分析框架的逻辑，对北京市接诉即办改革的治理分析，至少可以从作为界面的接诉即办、作为界面间关系的接诉即办和作为要素的接诉即办等三个层面进行分析（见表 0-2）。首先，接诉即办改革本身就是一个治理界面创新的过程，要理解其背后的治理逻辑，就需要将之想象成一个人造的治理界面，然后围绕接诉即办的治理界面、目标与功能、内部结构和治理环境等展开。对于接诉即办的价值和目标问题的讨论，很多都是对治理界面的功能分析，即接诉即办到底要追求什么。而围绕着接诉即办建立的诉求受理、派单、办理、考评、反馈等则是对治理界面的内部结构分析，通过这些运行机制为实现治理目标创造条件。民众的诉求则是基于自身价值观在与治理环境互动中产生的需求，它们会作为治理界面与治理环境之间交互的信号，需要治理主体进行反应，有些纳入治理议程并形成治理任务从而开启治理变革，有些则会被治理主体所忽略，不行动成为一种治理选择。其次，接诉即办改革在建立新的治理界面的过程中，不可避免地会与其他治理界面产生互动，这种互动会对双方都产生影响。此时，我们将接诉即办作为一个整体看待，讨论它与其他治理界面之间的相互影响，不同治理系统都需要进行调适以形成新的平衡。最后，对于接诉即办的治理分析，还需要讨论作为要素的接诉即办与整个治理系统之间的互动，尤其是讨论接诉即办对于推动整个治理系统变革的意义。接诉即办改革是在超大城市治理的情景之下进行，这个层面分析的重点内容就是接诉即办改革对超大城市治理的意蕴，接诉即办牵引超大城市治理“首都样板”就是这个层面的研究议题。

表 0-2　接诉即办治理分析

分析层面	分析内容
作为界面的接诉即办	将接诉即办作为一个治理系统，使其成为一个单独的分析单位，讨论其运行逻辑，包括它的治理目标与功能、治理界面、治理环境、治理结构等内容。在这个层面，可以进一步分析接诉即办治理系统中的子系统，以及子系统之间的关系。
作为界面间关系的接诉即办	将接诉即办作为一个治理系统，研究这一治理系统与其他治理系统之间的关系，重点讨论不同界面之间的交互关系和影响机制，同样包括治理目标与功能、治理界面、治理环境、治理结构等内容。
作为要素的接诉即办	将接诉即办作为一个要素，它是更大范围的治理系统的子系统，讨论其作为要素的子系统对于整体治理系统的影响，同样包括治理目标与功能、治理界面、治理环境、治理结构等内容。

理解接诉即办改革的治理逻辑，就是要围绕这三个层面展开，探索不同层面自身逻辑，以及不同层面之间的嵌套逻辑。正是在界面治理分析框架的指引之下，我们可以针对接诉即办改革进行内部和外部治理分析，内部治理分析强调聚焦接诉即办改革的运行模式从而展开研究，外部治理分析强调讨论接诉即办改革与横向和纵向治理界面之间的互动关系。多层面界面分析可以帮助我们以更加立体的方式来理解和认知接诉即办改革，探究其中的治理逻辑。

四、本书的框架结构

本书一共由 11 章组成，其中第一章至第五章从内部看接诉即办，讨论接诉即办治理系统自身的治理逻辑，第六章至第十一章从外部看接诉即办，讨论接诉即办对不同层次治理系统的影响所形成的治理逻辑。

第一章研究接诉即办的治理历史。对于接诉即办的治理历史，我们可以划分为四个阶段：（1）接诉即办的起点源头，主要是以以人民为中心为价值追求的基层治理改革，“吹哨报到”、街道改革和月度点评是最核心的要素；（2）接诉即办的承上启下，主要是以市民服务热线为主渠道的接诉即办改革，快速回应、有效办理和及时反馈是最核心的要素；（3）接诉即办的转折创新，主要是以“主动治理、未诉先办”为理念的问题治理改革，“治理类街乡镇”整治提升和“每月一题”等是最核心的要素；（4）接诉即办的和合共生，主要是以回归基础和根本为导向的城市治理改革，职能转变、共建共治、条例制定、社会自治等是最核心的要素。接诉即办改革的不同阶段，既层层递进，又相互支撑，构成超大城市治理的新路，具有超大城市治理范式创新的价值。

第二章研究接诉即办的治理革命。接诉即办改革通过治理目标的回归、治理体制的重构、治理行动的优化、治理主动的强化、治理范式的创新和治理哲学的探索，成功地将党的初心和使命转化为治理实践，为中国式现代化的治理变革提供了可借鉴的经验和路径，是一场兼具自我革命和社会革命的治理革命，是“治理之问”的首都答卷。具体而言，我们认为接诉即办的治理革命包括如下六个方面：（1）接诉即办改革重返以人民为中心的治理目标；（2）接诉即办改革重构治理重心下移的治理体制；（3）接诉即办改革重塑担当作为创新的治理行动；（4）接诉即办改革重造历史主动精神的治理主动；（5）接诉即办改革重铸市民诉求驱动的治理范式；（6）接诉即办改革重思人本、系统和天下的治理哲学。

第三章研究接诉即办的治理功能。接诉即办能否推动治理变革创造出超大城市治理“首都样板”，关键取决于接诉即办的治理功能的实现程度。事实上，接诉即办之所以能够发挥牵引作用，最根本的原因在于接诉即办的治理功能在不断被重新定义和深化完善。从社会学家默顿提出的显功能和潜功能的视角出发，结合个人、组织和系统三个层次，可以总结出接诉即办的十二大治理功能，即：（1）接诉即办的问题解决功能；（2）接诉即办的能力提升功能；（3）接诉即办的人心凝聚功能；（4）接诉即办的作风转变功能；（5）接诉即办的全面回应功能；（6）接诉即办的应急管理功能；（7）接诉即办的赋能基层功能；（8）接诉即办的预警前瞻功能；（9）接诉即办的部门协调功能；（10）接诉即办的推动改革功能；（11）接诉即办的信息收集功能；（12）接诉即办的城市体检功能。

第四章研究接诉即办的治理文化。接诉即办改革在回应市民诉求、解决问题和改善治理的基础之上，形成了与超大城市治理体系和治理能力现代化相适应的治理文化。结合文化理论，我们可以从治理目标、治理主体、治理过程、治理对象和治理环境等方面将接诉即办的治理文化总结为十个方面，即：（1）民本平等文化；（2）公仆谦卑文化；（3）实干兴邦文化；（4）赛马竞争文化；（5）协同共生文化；（6）制度渐成文化；（7）革故鼎新文化；（8）未雨绸缪文化；（9）群众自治文化；（10）不负人民文化。通过对接诉即办治理文化的探究，可以进一步凝聚改革共识，形成内生动力，推动可持续发展。

第五章研究接诉即办的治理效果。基于优化和提升接诉即办运行系统的考虑，结合斯塔弗尔比姆和科兰提出的项目和政策评估 CIPP 模型，该模型强调情景评估（context evaluation）、投入评估（input evaluation）、过程评估（process evaluation）和结果评估（product evaluation），我们对接诉即办改革的治理情景、治理投入、治理过程和治理结果进行系统评估，梳理了接诉即办改革的运行逻辑，总结了取得的成效，对面临的问题和挑战进行归纳，并提出进一步优化接诉即办改革的建议。

第六章研究接诉即办的社区治理逻辑。要推动超大城市社区治理体系和治理能力现代化，关键是要对接诉即办有正确的认识，并切实找到一条将接诉即办工作与社区工作有机融合的路径。调研发现，北京市房山区长阳镇嘉州水郡北区社区形成了接诉即办工作的“五位一体”路径，即：（1）通过“党建引领，九元共治”实现资源整合；（2）通过嵌套网格管理实现社会动员；（3）通过内部互动实现问题发现；（4）通过“吹哨报到”实现赋能增效；（5）通过文化营造实现身份认同。嘉州水郡北区社区的治理经验具有可复制、可推广价值，其核心还是党建引领、横向和纵向组织化、资源整合、社会动员、多层联动和居民自治，契合共建共治共享的社会治理共同体逻辑。

第七章研究接诉即办的“国之大者”逻辑。接诉即办实现人民生活幸福包含着问题解决、问题预防、治理参与和治理改善等多重逻辑，通过多重路径来实现。从北京市的实践探索来看，接诉即办改革实现让人民生活幸福的核心路径包括：（1）通过问题解决实现人民生活幸福；（2）通过问题预防实现人民生活幸福；（3）通过全过程人民民主实现人民生活幸福；（4）通过治理能力提升实现人民生活幸福；（5）通过治理韧性培育实现人民生活幸福。

第八章研究接诉即办的“中国之治”逻辑。接诉即办基于市民诉求驱动首都治理体系和治理能力现代化，是“中国之治”在首都北京的生动实践。总体上看，接诉即办的“中国之治”逻辑主要表现为以下八个方面：（1）接诉即办符合党的领导逻辑；（2）接诉即办遵循依法治国逻辑；（3）接诉即办践行人民民主逻辑；（4）接诉即办贯彻深化改革逻辑；（5）接诉即办发挥两个积极性逻辑；（6）接诉即办推行共建共治逻辑；（7）接诉即办体现人民至上逻辑；（8）接诉即办贯彻自我革命逻辑。

第九章研究接诉即办的人民政绩观。从治理哲学的视角看，接诉即办的人民政绩观创造性地回答了政绩观的三个核心议题：（1）政绩观的本体论，即人民政绩观的内涵是什么。接诉即办将为民造福作为主要政绩，强调为民服务的理念，坚持以人民为中心的发展思想。（2）政绩观的认识论，即为什么选择人民政绩观。接诉即办将为民造福和为民服务与党的初心和使命、社会主义的特征等联系在一起，突出了人民政绩观的合法性和正当性。（3）政绩观的方法论，即如何将人民政绩观从理念转化为实践。接诉即办以 12345 市民服务热线为主渠道，收集民众诉求，通过"吹哨报到"和"主动治理、未诉先办"，实现诉求受理、办理和反馈的高效、及时和管用。

第十章研究接诉即办的全过程人民民主观。北京市接诉即办改革是践行全过程人民民主的生动实践，它也是全过程人民民主在超大城市治理场景的典型样本。接诉即办改革与全过程人民民主观具有内在契合性，并且实现了创造性发展，主要体现在如下五个方面：（1）接诉即办改革通过治理民主实现全过程人民民主；（2）接诉即办改革通过基层民主实现全过程人民民主；（3）接诉即办改革通过立法民主实现全过程人民民主；（4）接诉即办改革通过民主监督实现全过程人民民主；（5）接诉即办改革通过让人民生活幸福实现全过程人民民主。

第十一章研究接诉即办的治理经验。从接诉即办改革的成效来看，我们可以总结出十三条治理经验：（1）坚持党的领导、人民当家作主和依法治国的有机统一；（2）坚持人民至上和人民责任的有机统一；（3）坚持问题解决和治理改革的有机统一；（4）坚持当下治理和未来治理的有机统一；（5）坚持政治激励和纪律约束的有机统一；（6）坚持顶层设计和基层创新的有机统一；（7）坚持框架结构和迭代更新的有机统一；（8）坚持整体推进和重点突破的有机统一；（9）坚持改革创新和制度保障的有机统一；（10）坚持政府主导和社会协同的有机统一；（11）坚持诉求驱动和技术驱动的有机统一；（12）坚持守土有责、区域联动和央地互动的有机统一；（13）坚持时不我待和久久为功的有机统一。

第一章

接诉即办的治理历史

回望历史，才能知晓来时路，并对未来之路有更清醒和坚定的认知。为此，我们需要对接诉即办改革的发展历程进行总结和回顾，厘清不同发展阶段之间的逻辑关系，并回应接诉即办牵引超大城市治理的理论命题。接诉即办改革经过4年多的运行，诉求回应、办理和反馈效率与质量不断提升，而“主动治理、未诉先办”的引入，也使得其内涵与外延不断丰富，一条热线正在撬动超大城市的“治理革命”。2022年6月，中国共产党北京市第十三次代表大会提出，发挥人民群众主体作用，探索形成以接诉即办为牵引的超大城市治理“首都样板”。这为北京市接诉即办改革指明了方向和前进道路。

接诉即办的治理历史可以划分为四个阶段：（1）接诉即办的起点源头，主要是以以人民为中心为价值追求的基层治理改革，“吹哨报到”、街道改革和月度点评是最核心的要素；（2）接诉即办的承上启下，主要是以市民服务热线为主渠道的接诉即办改革，快速回应、有效办理和及时反馈是最核心的要素；（3）接诉即办的转折创新，主要是以“主动治理、未诉先办”为理念的问题治理改革，“治理类街乡镇”整治提升和“每月一题”等是最核心的要素；（4）接诉即办的和合共生，主要是以回归基础和根本为导向的城市治理改革，职能转变、共建共治、条例制定、社会自治等是最核心的要素。接诉即办改革的不同阶段，既层层递进，又相互支撑，构成超大城市治理的新路，具有超大城市治理范式创新的价值。

一、接诉即办的治理历史：历史治理学的视角

从公共管理学的角度看，要理解接诉即办改革，既需要引入历史的维度，在历史发展脉络中厘清接诉即办改革的演进过程；又需要引入机制的维度，在因果逻辑关系中探究接诉即办改革不同阶段之间的关系。为此，我们借鉴社会学者赵鼎新所定义的历史社会学范式，尝试建构历史治理学的视角，将历史叙事和机制叙事有机结合起来，以期把握接诉即办改革的演进阶段、内在机理和全景图像[①]。简言之，历史治理学的视角需要我们回答：接诉即办改革经历了哪些阶段？不同阶段之间的逻辑关系是什么？当下阶段的内在机制和逻辑是什么？这三个问题并非完全独立的，而是具有紧密的联系。

接诉即办改革经历了哪些阶段？这是对接诉即办改革的治理历史进行研究首先需要回答的问题，而阶段划分本质上是一个观念建构的过程，它需要结合机制叙事来重构时间叙事，从而最终实现时间叙事与机制叙事的统一。对于接诉即办改革阶段的划分，可以重点围绕每一个阶段需要解决的主要问题展开。北京市官方将接诉即办改革划分为“吹哨报到”“接诉即办”“主动治理、未诉先办”等三个阶段，这一阶段划分的依据是以接诉即办改革为基准，分别向前和向后延伸一个环节，“吹哨报到”是接诉即办改革的基础，“主动治理、未诉先办”是接诉即办改革的深化。应该说，这一划分也符合事物自身发展规律，具有一定的合理性。北京市第十三次党代会提出“以接诉即办为牵引的超大城市治理‘首都样板’”，这对接诉即办改革赋予了更多使命。考虑到“主动治理、未诉先办”仍然是基于问题解决的思路，有必要再向前一步，关注接诉即办所带来的超大城市基层性、根本性制度变革、体制机制改革和政府职能转变。简言之，只有经过这一阶段，接诉即办改革才能够与

① 赵鼎新 . 什么是历史社会学 ?[J]. 中国政治学，2019(2): 101-117.

首都超大城市治理体系和治理能力现代化建立联系，这也正是“以接诉即办为牵引的超大城市治理‘首都样板’”的内在要求。为此，我们可以将接诉即办改革划分为四个发展阶段，即：“吹哨报到”，接诉即办，“主动治理、未诉先办”，首都治理体系和治理能力现代化（见表1-1）。

表1-1　接诉即办改革的阶段划分

接诉即办改革的阶段划分	问题、目标与机制
“吹哨报到”（2018年1月—12月）	基层治理、条块分割、协同整合、为民服务、以人民为中心
接诉即办（2019年1月—2020年12月）	市民诉求回应、全治理主体参与、初心使命
“主动治理、未诉先办”（2021年1月—8月）	每月一题、前瞻治理、城市体检
首都治理体系和治理能力现代化（2021年9月至今）	条例出台、职能转变、共建共治、体制机制改革

从表1-1可以看出，这一划分特别重视历史治理学的阶段和机制两个核心议题。对于这四个阶段的划分，并非意味着新阶段产生之后，旧阶段的内容就结束；相反，旧阶段的内容还会在新阶段继续发挥作用，它们之间是一个相互叠加的过程。从这个意义上看，新阶段的内容更多类似于系统中新要素和新元素的增加，是接诉即办改革的内涵和外延不断丰富的过程，而并非一个阶段取代另一阶段的过程。以“吹哨报到”改革为例，它于2018年1月正式在全市推广，2019年1月，北京市又开始推行接诉即办改革，但这并不意味着“吹哨报到”在2019年1月之后就不运行了。事实上，正是因为接诉即办改革的推进，“吹哨报到”的价值和使命才得到进一步发挥。对于“主动治理、未诉先办”改革而言，也可以进行同样理解，实施这项改革的同时，之前的改革仍然需要同步推进。从这个意义上看，新的改革既是原有改革的自然延续，又是为了解决原有改革不能解决的问题。由于历史治理学特别重视机

制叙事，这就需要注意不同阶段中的内在逻辑，对于接诉即办改革而言，我们认为需要重点关注问题、目标和机制，它本质上是一个理性逻辑。此外，历史治理学更注重这种阶段划分的逻辑联系，不同阶段之间越是具有逻辑自洽关系，越可能将这些逻辑关系普遍化。

二、接诉即办的起点源头："吹哨报到"、月度点评和以人民为中心

接诉即办改革并非从石头缝中蹦出来，更不是凭空想出来的，而是北京市推进基层治理改革的产物。基层是国家治理的基石，建立简约高效的基层管理体制是基层治理改革的方向。只有将接诉即办改革放在北京市推行超大城市基层治理的整体格局之下，我们才能够对其内在逻辑有更清晰的认知，并且对其发展阶段和历程有更完整的理解。"吹哨报到"改革是接诉即办改革的起点源头，月度点评是接诉即办改革的催化剂，以人民为中心是接诉即办改革的价值追求。

"吹哨报到"改革是接诉即办改革的起点源头，其最核心的理念是夯实基层政权，实现对基层治理的赋能、下沉和增效[①]。"吹哨报到"改革也是来自基层，随后被北京市政府在全市范围内推广。从 2017 年 1 月开始，为了治理多年来屡禁不止、屡治不绝的盗采金矿、盗挖山体、盗偷砂石等事件，北京市平谷区在金海湖镇开展"乡镇吹哨、部门报到"工作试点，要求乡镇"吹哨"后，各相关执法部门必须在 30 分钟内"报到"。在改革试点中，金海湖镇党委被赋予了对相关执法部门的指挥权，通过上下联动，建立了联合执法机制，并要求"事不完、人不撤"，这使得条块矛盾得到有效解决，对破解基层治理"最

① 孙柏瑛，张继颖．解决问题驱动的基层政府治理改革逻辑：北京市"吹哨报到"机制观察 [J]. 中国行政管理，2019(4): 72-28.

后一公里”难题进行了探索。随后，北京市政府从2018年1月开始，在全市范围内推行“街乡吹哨、部门报到”改革，并先后出台《关于党建引领街乡管理体制机制创新实现“街乡吹哨、部门报到”的实施方案》（2018年2月）和《关于深化党建引领“街乡吹哨、部门报到”改革的实施意见》（2019年3月），为“吹哨报到”改革奠定了制度基础。

北京市的“吹哨报到”改革既包括完善条块融合的体制机制，又包括推进以明确各级政府部门职权为基础的街道改革，最终实现完善基层治理的应急机制、服务群众的响应机制和打通抓落实“最后一公里”的工作机制，不断增强人民群众的获得感、幸福感、安全感。2018年2月，北京市发布的《关于党建引领街乡管理体制机制创新实现“街乡吹哨、部门报到”的实施方案》，重点提出了加强党对街道乡镇工作的领导、制定完善街道党工委和办事处职责清单、完善基层考核评价制度、推进区政府职能部门向街道乡镇派出机构的管理体制改革、加强街道乡镇实体综合执法平台建设、推进城乡“多网”融合发展、综合设置街道各类机构、科学核定街道人员编制、倡导党员参与社区（村）建设、推行“街巷长”机制、建立“小巷管家”队伍、整合协管员队伍、持续推进社区减负工作、强化街道自主经费保障等十四个方面的内容。2019年3月，北京市发布的《关于深化党建引领“街乡吹哨、部门报到”改革的实施意见》，明确提出四个深化，即向党建引领深化，向街道（乡镇）体制改革深化，向社区治理深化，向受理市民诉求、解决群众身边的问题深化。由此可见，“吹哨报到”改革是对首都基层治理体制全面改革的一个符号化过程，其内容并非仅仅局限于狭义的“吹哨报到”中强调的处理条块矛盾问题。

说到“吹哨报到”的具体内涵，它是由“吹哨”和“报到”两个部分构成的。北京市在推行“吹哨报到”改革过程中，明确了“吹哨”的范围，即开展综合执法应该“吹哨”、抓重点工作可以“吹哨”、应急处置必须及时“吹哨”。从这三个方面的内容和用词看，综合执法强调

“应该”，重点工作强调“可以”，应急处置强调“必须”，这是使用好宝贵资源的制度安排。北京市在推行“吹哨报到”改革过程中，对于“报到”主要是突出到基层一线解决问题，形成了四种“报到”形式，即驻区党组织和在职党员“双报到”、执法力量到综合平台“报到”、街道干部任街巷长到基层“报到”、通过“周末卫生大扫除”组织党员干部到现场“报到”。在推行“吹哨”和“报到”的改革中，北京市将党建引领、街乡赋权、探索建构简约高效基层管理体制、夯实社区（村）治理基础、鼓励各级干部担当作为等结合起来，这也意味着“吹哨报到”改革发挥着撬动作用。

月度点评机制是接诉即办改革的催化剂，其所坚持的以人民为中心的发展思想为倾听和回应民众诉求提供了窗口。2018 年 8 月 30 日，北京市委首次召开区委书记月度点评会，会议上市委主要领导指出，“如何对待媒体和公众监督，也是一面镜子。要从受理市民诉求看作风、看执行力、看对群众的感情和态度。时刻提醒自己，坚持以人民为中心，做到民有所呼、我有所应”。月度点评会是北京市委推行工作的重要窗口和舞台，在这个会议中，“市民诉求”“民有所呼、我有所应”“以人民为中心”等要素已经被提出，为接诉即办改革的实施创造了较好的平台基础。

三、接诉即办的承上启下：市民诉求、热线电话和平台建设

北京市接诉即办改革于 2019 年 1 月正式开始，以 12345 市民服务热线为主渠道。对市民诉求快速回应、有效办理和及时反馈，这是其最初含义，也是其内核[①]。2018 年 11 月 30 日，北京市委召开第四次区委

---

① 孟天广，黄种滨，张小劲．政务热线驱动的超大城市社会治理创新：以北京市“接诉即办”改革为例 [J]. 公共管理学报，2021(2): 1-12.

书记月度点评会，首次提出接诉即办的概念，北京市委主要领导要求，“今后，市里的相关工作都要过问抓到街乡镇，相关区和街乡镇既要就事论事，有一件办一件，又要举一反三，以点带面推动工作，防止问题反弹回潮。凡是媒体曝光的问题，各级各部门都要闻风而动、接诉即办，坚决做到民有所呼、我有所应”。自此，“民有所呼、我有所应，闻风而动、接诉即办”的接诉即办理念被正式提出，而它进一步从理念转化为治理实践，则是从 2019 年 1 月重新激活 12345 市民服务热线开始。为了推动接诉即办改革，北京市先后发布了《对〈市民热线反映〉通报问题“接诉即办”的工作方案（试行）》（2018 年 12 月）、《关于优化提升市民服务热线反映问题“接诉即办”工作的实施方案》（2019 年 5 月）、《北京市网上 12345“接诉即办”工作办法（试行）》（2020 年 5 月）和《中共北京市委 北京市人民政府关于进一步深化“接诉即办”改革工作的意见》（2020 年 10 月）等文件，这些使得接诉即办的体制机制更加健全。

对于接诉即办改革的运行过程，北京市于 2020 年 10 月发布的《中共北京市委 北京市人民政府关于进一步深化“接诉即办”改革工作的意见》进行了很好的概括。根据《意见》，接诉即办改革主要包括三个部分：（1）坚持党的领导，筑牢为民服务的责任体系；（2）注重协同联动，健全科学高效的运行机制；（3）推进精治共治法治，提升综合系统的治理效能。这三个部分形成了一个有机整体，党的领导和责任体系主要是对治理主体的要求，协同联动和运行机制主要是对治理过程的规范，精治共治法治主要是对治理制度和治理参与的强调，治理领导、治理主体、治理过程、治理机制、治理制度、治理参与等形成了一个接诉即办改革的治理闭环，这也是接诉即办改革治理平台的建构过程。

接诉即办改革要有效回应市民诉求，就需要在“接诉”和“即办”两个工作体系的建立上下功夫。当前，北京市主要形成了以 12345 市民服务热线为主渠道的“接诉”体系，强调“一个号码（12345）”回应所有诉求。截至 2020 年，北京市 12345 市民服务热线已整合包括 12315 市场监管热线、96310 城管热线在内的 16 区、36 个部门共计 52 条政务服务便民热线。北京市建立了涵盖微信、微博等 17 个渠道在内的互联网接诉即办工作平台。对于“即办”体系，北京市强调各区、街道 (乡镇)、市级部门、承担公共服务职能的企事业单位都参与诉求办理工作，解决民众的急难愁盼。

为了实现市民诉求、12345 热线中心和各类治理主体之间有效匹配，就需要让合理诉求由合适的治理主体来办理。为此，北京市通过治理机制建设来形成治理过程完整的链条，形成了全渠道受理机制、诉求分类处理机制、快速精准派单机制、限时办理机制、协同办理机制、统筹推动机制、督查督办联动机制、分级分类考评机制、诉求分析通报机制、风险预警防范机制等十类机制，实现了诉求受理、诉求办理、诉求反馈、诉求分析、风险防范的全闭环治理。正是通过治理机制建设和完善治理过程，北京市的接诉即办改革实现了质的飞跃，民生诉求得到高质量办理，市民的获得感、幸福感和安全感得到较大提升。

在回应市民诉求和推动问题解决的过程中，北京市也很重视引入精治共治法治理念，在主动治理、未诉先办、依法治理、多元治理、数据治理等方面进行了探索，这是接诉即办牵引超大城市治理的“关键一环”。事实上，接诉即办改革对于主动治理、未诉先办、依法治理、多元治理、数据治理等的关注，也说明接诉即办实现了从具体到一般、从具象到抽象、从特殊到普遍的迈进，这些治理问题都是涉及超大城市治理的基础性、根本性和长期性的议题，它们受到关注和得到解决才可能将接诉即办改革与首都城市治理体系和治理能力现代化联系起来，实现接诉即办改革与首都城市治理体系和治理能力的相互促进、相互补充和协同共生。一方面，接诉即办改革成为发现首都城市治理体系和治理能力现代化水平的信号，有利于首都城市治理补短板、强弱项和提能力；另一方面，首都城市治理体系和治理能力的现代化又会减轻接诉即办改革的压力，有利于从源头上解决问题，减少市民诉求，真正实现更高水平的“主动治理、未诉先办”。

四、接诉即办的转折创新：每月一题、主动治理和未诉先办

“主动治理、未诉先办”理念的提出和转化为治理实践是接诉即办改革的转折点，它标志着接诉即办改革实现了始于诉求又超越诉求的转型，成为迈向首都超大城市治理体系和治理能力现代化的“关键一环”。北京市提出“主动治理、未诉先办”理念是一次质的飞跃，这使得接诉即办改革与传统市民服务热线之间有了本质性差别，它实现了从问题解决到治理变革的变迁。事实上，北京市在一开始推行接诉即办改革时，就强调从“有一办一”到“举一反三”的转变，注重将接诉即办与主动治理结合起来。2019 年 2 月 28 日，北京市委召开区委书记月度点评会，市委主要领导提出：“接诉即办要与主动治理结合起来，找出问题症结，有针对性地采取措施，加大重点区域治理力度，重点解决周期性难点问题，强化城市治理短板，快速有效回应群众诉求，着力提高解决率和群众满意率。”从这一论述看，北京市当时对主动治理的界定，主要包括重点区域治理、周期性难题和城市治理短板等内容。

“主动治理、未诉先办”于 2020 年底被正式提出，并且于 2021 年以“每月一题”的形式转化为治理实践，随后逐步上升为制度，开始对首都治理产生广泛深远影响。2020 年 10 月 30 日，北京市委召开区委书记月度点评会，正式提出了“主动治理、未诉先办”的理念，市委主要领导提出，“要在解决民生共性难题上下更大功夫。抓治理，由办理向治理转变，不仅有一办一，更要主动治理、未诉先办。抓整治，特别是集中整治垃圾、物业、环境等方面反映集中的突出问题。抓改革，善于用改革的思维和办法破解民生难题”。“抓治理、抓整治、抓改革”的

提出，既意味着接诉即办通过与治理、整治、改革建立联系，使其内涵与外延更加丰富，也意味着“主动治理、未诉先办”理念被正式提出和具体化，为后续可操作化的治理实践和制度设置奠定了基础。2021年2月26日，北京市委召开区委书记月度点评会，市委主要领导提出：“‘每月一题’要坚持分类施策、标本兼治，滚动推进，全程督办，每月都见到新成效。”这是“主动治理、未诉先办”转化为正式化、程序化和制度化治理实践的尝试。

随后，北京市在“主动治理、未诉先办”治理实践的基础之上，于2021年12月13日正式发布《关于推动主动治理未诉先办的指导意见》，这标志着“主动治理、未诉先办”初步成熟和定型。在《关于推动主动治理未诉先办的指导意见》中，北京市提出了建立健全“主动治理、未诉先办”工作机制、拓宽渠道主动发现问题实现未诉先办、坚持分类施策破解重难点问题、促进多方联动协同解决问题等四类13项举措，分别是：（1）坚持“每月一题”解决难点民生问题；（2）坚持专项治理解决重点区域问题；（3）探索将诉求问题转变为主动治理任务；（4）推动共建共治共享主动化解基层矛盾问题；（5）加强热线与网格融合及时发现解决问题；（6）开展前瞻治理解决季节性周期性问题；（7）以改革创新举措解决疑难复杂问题；（8）加强分析研判解决新业态新领域问题；（9）加强应急管理及时应对风险性问题；（10）持续优化营商环境解决企业共性问题；（11）加强上下联动；（12）加强公检法司联动；（13）加强央地联动。以上分类和举措表明，北京市在推行“主动治理、未诉先办”治理实践时，既注重对共性问题进行集中解决，又注重主动发现问题，还特别强调利用改革思路来破解棘手难题，更重视在解决问题中的协同、沟通与合作。从这个意义上来看，“主动治理、未诉先办”已经开始触及整体治理体制机制改革，并且这些体制机制改革是问题导向和目标导向相结合，并非为了体制机制改革而进行改革，这也使得体制机制改革更具有针对性。

在北京市当前推行的“主动治理、未诉先办”举措中，“每月一题”和“专项治理”取得了较为突出的成效，它们也构成了这项改革的标志性事件。“每月一题”机制强调每年从市民反映突出的高频难点问题中，选取需要市级层面出台改革创新举措或存在跨层级、跨部门职责交叉的若干问题，明确一个问题由一位分管市领导统筹，一个市级部门牵头负责，相关配合单位和各区协同推进解决，制定“一方案、三清单”（一个解决方案和责任清单、政策清单、任务清单），厘清工作职责，明确工作路径，确定工作目标。“专项治理”机制强调将市民诉求集中、基层治理基础薄弱的街乡镇作为治理类街乡镇开展重点优先治理，建立完善市“疏解整治促提升”专项行动工作办公室统筹、市级部门牵头、各区主责、多级联动的治理机制，各区落实区域治理主体责任，组织开展“治理类街乡镇”整治提升，确保完成“降量提率、排名提升”的治理目标。

五、接诉即办的和合共生：条例出台、职能转变和首都治理现代化

推动首都治理体系和治理能力现代化是接诉即办改革的第四个阶段，这也是“以接诉即办为牵引的超大城市治理‘首都样板’”的实现途径。在这一阶段，接诉即办改革需要超越前面的三个环节，回到超大城市治理体系和治理能力中一些基础性、根本性和长远性问题，着眼于推动首都治理体系和治理能力现代化①。在这一阶段，接诉即办改革至少需要在两个方面进行探索，一是在接诉即办改革本身的治理体系和治理能力现代化方面，使得接诉即办改革具有可持续性；二是将接诉即办的

① 蓝志勇，魏明．现代国家治理体系：顶层设计、实践经验与复杂性 [J]. 公共管理学报，2014, 11(1): 1-9.

理念、价值、哲学引入整个首都治理体制机制改革中，对职能转变、制度改革、共建共治共享等进行探索。应该说，北京市当前在第一个方面的探索上取得了较大突破，成功出台了《北京市接诉即办工作条例》，它被称为“为民服务法”、“制度保障法”、“深化改革法”和“首都原创法”。在第二个方面，北京市当前正在探索中，这就需要进一步总结接诉即办的治理经验、理念和价值，为首都治理体系和治理能力现代化贡献思想和智慧。

正确处理好改革和法治之间的关系是国家治理体系和治理能力现代化的内在要求，既需要通过改革来完善法治，又需要通过法治来促进改革，实现改革与法治之间的良性互动。2014 年 2 月 28 日，中央全面深化改革领导小组第二次会议在京召开，会上习近平总书记明确提出：“凡属重大改革都要于法有据。在整个改革过程中，都要高度重视运用法治思维和法治方式，发挥法治的引领和推动作用，加强对相关立法工作的协调，确保在法治轨道上推进改革。”这意味着，要使得接诉即办改革具有可持续性，让市民诉求驱动超大城市治理有生命力，就需要在制度上和法律上保障接诉即办改革。2021 年 9 月 24 日，《北京市接诉即办工作条例》发布，这是市民诉求驱动超大城市治理可持续性迈出的坚实一步。《北京市接诉即办工作条例》共五章 38 条，主要规定了接诉即办的功能定位和制度内涵、接诉即办工作体系、接诉即办全流程工作机制和主动治理机制等四个方面内容，这事实上是对接诉即办改革前面的“吹哨报到”、“接诉即办”和“主动治理、未诉先办”等三个环节的系统总结，通过法律方式将治理实践固化下来，为接诉即办改革的可持续性奠定了制度基础。2022 年 9 月 21 日，在北京市第十五届人民代表大会常务委员会第四十三次会议上，北京市人大常委会主要领导作《北京市人民代表大会常务委员会执法检查组关于检查〈北京市接诉即办工作条例〉实施情况的报告》，强调，一年来，全市上下深入推进条例贯彻落实，用心用情用力解决群众急难愁盼问题，以市民诉求驱动超大城市治理在法治轨道上不断深化，条例实施取得了良好开局。群众普遍反映，诉求响应更快、问题解决更及时、回访评价更满意。同时也提出了12345市民服务热线接诉能力需要提升、办理机制运行仍有堵点、主动治理须持续跟进、保障监督机制有待进一步健全等问题，并针对这些方面提出了改进意见。

接诉即办改革要发挥牵引超大城市治理的作用，就需要通过引入接诉即办的理念、价值和哲学，围绕民生领域的重点问题，及时发现超大城市治理的弱项、短板和不足，在职能转变、体制机制改革、协同治理、共建共治共享等方面下功夫，切实提升首都治理体系和治理能力现代化水平。这意味着，接诉即办改革至少在引入理念、解决问题和完善体制机制等三个方面可以促进首都超大城市治理体系和治理能力现代化，切实让其“牵引”的作用得到较好实现。接诉即办改革的背后是改革者坚持以人民为中心的发展思想，践行党的初心使命，强调协同治理，注重“主动治理、未诉先办”，重视干部的担当作为，重新回归党的群众路线，夯实基层基础，切实通过解决问题、预防问题和提升能力来解决民众的急难愁盼，让人民生活幸福。很显然，这些理念、价值和哲学不仅适合接诉即办的问题领域和治理情景，还能够应用于更广泛的治理场域和治理情景，这也是检验接诉即办改革外部效度的试金石。与此同时，由于接诉即办改革是以市民诉求为基础，市民诉求涉及的领域和范围广、层次多，既有“七有”“五性”问题，也有城市治理的各个方面各个层次的问题，这些问题正在建构超大城市治理所面临的“问题空间”和“问题边界”。对这些“问题空间”和“问题边界”的持续关注，可以提升超大城市治理的针对性，真正解决超大城市治理的棘手难题，实现城市治理的可持续发展。以接诉即办改革的理念、“问题空间”和“问题边界”为基础，北京市就可以着眼于一些基本性、根本性和长远性的体制机制改革、制度变革和治理革命，这是提升超大城市治理韧性的前提和基础，也是超大城市治理体系和治理能力现代化的应有之义。

六、接诉即办的治理范式革命

北京市第十三次党代会提出的“以接诉即办为牵引的超大城市治理‘首都样板’”，既是接诉即办改革的下一步目标，也是一个需要回答的理论命题。这一理论命题的核心是市民诉求驱动超大城市治理何以可能，是否构成超大城市治理的新路，能否称之为超大城市治理范式革命①。对于接诉即办改革的阶段划分，最终目的是为了理解不同阶段之间的逻辑联系，形成对接诉即办改革整体图景的理解和认知，并尝试对理论命题进行回应。反过来，这些认知和理解也会对接诉即办改革实践提供新的指引，它可以为实践提供概念框架和行动蓝图，并为其他地方学习和借鉴接诉即办改革提供理论支撑，减少学习成本，促进围绕接诉即办的知识体系形成。从这个角度看，对于接诉即办改革的理论研究，也是建构中国自主的公共管理知识体系的有益尝试。

接诉即办改革的起、承、转、合四个阶段，既相互独立，又各自支撑，形成了一个治理范式创新的完整链条，构成了超大城市治理的范式革命。一方面，每一个阶段都可以形成自身的治理生命，这并不是一个简单的超越和替换过程，相反，在所有时期，每一个阶段都需要发挥作用。简言之，对于一个治理场域和治理主体而言，它们需要同时完成这四种治理活动，唯一的区别是这种治理活动可能在注意力分配上会有所差异。对于还没有很好回应市民诉求的治理主体而言，可能他们仍然需要将治理重心放在“吹哨报到”和“接诉即办”阶段，当然，这也不意味着他们不能从事后面的治理活动。这里只是强调，在没有很好回应

① 有关范式的思想，借鉴了托马斯·库恩的观点（参见：托马斯·库恩．科学革命的结构[M]. 张卜天，译．北京：北京大学出版社，2022.）。

诉求和解决问题的时候，他们可能没有时间、精力和能力来思考长远问题。对于一些在“吹哨报到”和“接诉即办”环节取得较好成绩的治理主体而言，他们可能会把主要精力放在“主动治理、未诉先办”“治理体系和治理能力现代化”等环节，通过这些治理活动进一步为之前的环节提供支撑，并减少事后应对和解决问题的资源配置。正如北京市委主要领导在《北京市接诉即办工作条例》实施动员会上所言，接诉即办只有进行时，没有完成时。这也意味着所有治理主体都需要不断回应市民诉求，解决治理问题，实现让人民生活幸福的价值目标。

另一方面，每一个阶段与其他阶段之间都有紧密联系，它们构成了一个大的治理系统组成部分，又为治理系统完善贡献各自力量。接诉即办改革的起、承阶段更多重视问题解决和诉求回应，转的阶段注重问题预防，合的阶段则是突出治理韧性和治理能力提升。从另一个角度看，接诉即办改革的起与承可以构成一个子系统，转也可以构成一个子系统，它们都是合的阶段这一系统的子系统。由此可见，接诉即办改革的四个阶段是一个不断相互叠加、相互反馈、相互促进和协同共生的过程，最终目标是在超大城市治理场域下践行党的初心和使命。当然，接诉即办改革的这四个阶段本身也具有开放性，未来随着实践的发展，还可能发展出更多的治理阶段，或者对每一个治理阶段进行细分，以形成更为清晰的治理路径。

第二章
接诉即办的治理革命

党的初心和使命如何转化为治理实践，并最终让人民生活幸福？这是中国共产党执政以来一直面临的治理难题，更是党进行理论创新的源泉，我们可以称之为“治理之问”。2022 年 10 月 23 日，习近平总书记在二十届中共中央政治局常委同中外记者见面时强调，始终坚持一切为了人民、一切依靠人民，以中国式现代化全面推进中华民族伟大复兴。这是对党的二十大报告的进一步阐述，既为新征程提出了方向和目标，明确了主体和行动者，也谋划了路径和手段，代表了中国共产党在新时代对“治理之问”的最新探索。

践行党的初心和使命只有进行时，没有完成时。接诉即办改革通过治理目标的回归、治理体制的重构、治理行动的优化、治理主动的强化、治理范式的创新和治理哲学的探索，成功地将党的初心和使命转化为治理实践，为中国式现代化的治理变革提供了可借鉴的经验和路径，是一场兼具自我革命和社会革命的治理革命，是“治理之问”的首都答卷。具体而言，我们认为接诉即办的治理革命包括如下六个方面：（1）接诉即办改革重返以人民为中心的治理目标；（2）接诉即办改革重构治理重心下移的治理体制；（3）接诉即办改革重塑担当作为创新的治理行动；（4）接诉即办改革重造历史主动精神的治理主动；（5）接诉即办改革重铸市民诉求驱动的治理范式；（6）接诉即办改革重思人本、系统和天下的治理哲学。

一、接诉即办改革重返以人民为中心的治理目标

牢记党的初心和使命，这是中国共产党治国理政应该遵循的首要原则。我们党取得成功，就在于在治理实践上坚守了这一原则；而出现问题、失败和挫折，就在于违背了这一原则。事实上，党的初心和使命，本质上是党和人民的关系，它是所有其他关系的基础。应该说，新时代的治国理政实践是人民的回归。2021 年 11 月 11 日，中国共产党第十九届中央委员会第六次全体会议通过《中共中央关于党的百年奋斗重大成就和历史经验的决议》，指出："全党必须永远保持同人民群众的血肉联系，站稳人民立场，坚持人民主体地位，尊重人民首创精神，践行以人民为中心的发展思想，维护社会公平正义，着力解决发展不平衡不充分问题和人民群众急难愁盼问题，不断实现好、维护好、发展好最广大人民根本利益，团结带领全国各族人民不断为美好生活而奋斗。"习近平总书记在党的二十大报告中再次将"必须坚持人民至上"作为新时代中国特色社会主义思想的世界观和方法论的六个"必须坚持"之首，并强调"人民性是马克思主义的本质属性，党的理论是来自人民、为了人民、造福人民的理论，人民的创造性实践是理论创新的不竭源泉"。这意味着，要将党的初心和使命转化为治理实践，首先需要树立以人民为中心的发展思想，将以人民为中心转化为具体的治理目标。

接诉即办改革践行党的初心和使命，并将之转化为治理实践，首先是从重返以人民为中心的治理目标开始的①。事实上，接诉即办改革的发展过程，并非完全设计好，而是受以人民为中心的目标驱动而逐步演化的产物。在坚持以人民为中心的治理目标之下，不断针对治理实践进行调整，随后逐渐形成了一个事后看来较为清晰的以人民为中心的治理图

① Simon H A. On the concept of organizational goal[J]. Administrative science quarterly, 1964, 9(1): 1-22.

景。从发展历程来看，北京市首先树立了以人民为中心的发展思想，随后才有以 12345 市民服务热线为主渠道的接诉即办改革，这一改革的本质是减少市民诉求的成本，提升政府对市民诉求的回应效率。2018 年 8 月 30 日，北京市委首次召开区委书记月度点评会，市委主要领导指出："如何对待媒体和公众监督，也是一面镜子。要从受理市民诉求看作风、看执行力、看对群众的感情和态度。时刻提醒自己，坚持以人民为中心，做到民有所呼、我有所应。"北京市接诉即办改革起源于"吹哨报到"改革，但是正式实施则是从 2019 年 1 月开始，它通过对 12345 市民服务热线进行改造，强调"市民的诉求就是哨声，闻风而动、接诉即办，真正做到民有所呼、我有所应"。随后，北京市将接诉即办改革与"不忘初心、牢记使命"主题教育活动联系在一起，在 2019 年 7 月 31 日的北京市区委书记月度点评上会，北京市委主要领导强调："接诉即办是我们服务群众的重要抓手和载体，是党建引领'吹哨报到'的进一步延伸，更是践行初心使命的试金石。"在随后的实践中，北京市进一步将接诉即办改革与民生实事联系在一起，突出通过接诉即办改革推动针对"七有"要求和"五性"需求的评价监测和民主治理变革，真正让市民增加获得感、幸福感和安全感。通过这一系列举措，接诉即办改革不仅实现了以人民为中心的治理目标的回归，而且还在治理的各个领域、环节、层次和阶段贯彻这一发展思想，党的初心和使命的治理路径正在逐步形成。

二、接诉即办改革重构治理重心下移的治理体制

党的初心和使命要转化为治理实践，不仅需要以人民为中心的目标引领，还需要对治理体制进行调整，形成有利于为民服务的治理体制。治理体制一旦形成便会有自身的惯性，并且还会按照自我逻辑再生产。官僚制是当前各国主要的治理形式，层级制是官僚组织关系的结构形式，在缺乏约束的情形下，这种制度会形成一种上收权力和下放责任的

治理怪胎，基层治理负担过重是其典型后果[①]。街道和社区是基层，直接与民众打交道，成为国家与人民之间沟通的“最后一公里”。“上面千条线，下面一根针”“上面千个锤，下面一个钉”“看得见的管不着，管得着的看不见”“资源有限，责任无限”“一人干活，九人监督”等形象的说法，都是对当前基层治理所面临困境的精准刻画。在这种体制之下，基层负担非常重，他们一方面要应付上面的各种表格，另一方面还要接受各种监督，这使得他们通常对民众的需求采取应付方式。基层治理是国家治理的基石，也是党和国家联系人民群体的主要场景，长此以往可能会动摇国本，这种状况必须得到改变。事实上，2019 年 3 月中共中央办公厅印发了《关于解决形式主义突出问题为基层减负的通知》，强调要解决一些困扰基层的形式主义问题，切实为基层减负，明确提出将 2019 年作为“基层减负年”。2021 年 4 月 28 日，《中共中央 国务院关于加强基层治理体系和治理能力现代化建设的意见》发布，针对党全面领导基层治理制度、加强基层政权治理能力建设、健全基层群众自治制度、推进基层法治和德治建设、加强基层智慧治理能力建设等进行了部署，这说明基层治理体系和治理能力现代化已经纳入国家议事日程。衡量基层治理改革是否取得成功的关键在于基层治理问题是否能够得到解决，为民服务体制是否健全，从根本上涉及包含条块和层级的治理体制变革能否真正落实以人民为中心。

接诉即办改革的重要创举是将回应市民诉求和推动治理变革有机结合起来，这有可能探索出一项面向基层探索问题解决的治理体制。2019 年 5 月 30 日，北京市委召开区委书记月度点评会，市委主要领导强调“吹哨报到、接诉即办实质上是基层治理创新”。2020 年 10 月 28 日，《中共北京市委 北京市人民政府关于进一步深化“接诉即办”改革工作的

① Bozeman B. A theory of government “red tape” [J]. Journal of public administration research and theory, 1993, 3(3): 273-304.

意见》发布，在指导思想中提出“坚持‘人民城市人民建，人民城市为人民’的理念，强化党建引领、大抓基层的鲜明导向，建立机制完备、程序规范、标准清晰、法治保障的‘接诉即办’制度体系和基层统筹、条块结合、多方参与、共建共管的‘接诉即办’工作体系，健全基层治理的应急机制、服务群众的响应机制和打通抓落实‘最后一公里’的工作机制，推动首都基层治理体系和治理能力现代化”。从这些论述可以看出，北京市至少从三个方面推动了治理重心下移，将以人民为中心的发展思想固化为治理体制改革。第一个方面是通过“街乡吹哨、部门报到”来解决条块分割问题，实现对基层赋权，让“看得见的管得着”，解决治理不对称问题。事实上，接诉即办改革使得“吹哨报到”机制得到激活，从代表市民吹哨转变到市民直接吹哨，进一步突出了人民主体性。第二个方面是形成基层治理齐抓共管的格局，告别了基层只是街道、乡镇和社区的基层，让市委市政府、市级部门、区委区政府、区级部门等各类更高层次治理主体参与基层治理。以北京市发布的《接诉即办改革三周年——北京 12345 市民服务热线数据专项报告》为例，在诉求办理方面，区级部门承办占比 37.8%，街乡镇承办占比 36.0%，市属机构承办占比 16.1%，国有企业承办占比 7.4%，电商企业等其他单位承办占比 2.7%。第三个方面是基层治理的一些基础性制度得以完善，明确了各类机构的职责。2019 年 11 月 27 日，北京市第十五届人民代表大会常务委员会第十六次会议通过《北京市街道办事处条例》，这意味着改革上升到了法律制度层面。

三、接诉即办改革重塑担当作为创新的治理行动

习近平总书记在党的二十大报告最后部分提出：“全党全军全国各族人民要紧密团结在党中央周围，牢记空谈误国、实干兴邦，坚定信心、同心同德，埋头苦干、奋勇前进，为全面建设社会主义现代化国

家、全面推进中华民族伟大复兴而团结奋斗！”由此可见，党的初心和使命需要通过行动才能够从蓝图转化为现实。这也意味着，在重返以人民为中心的治理目标，以及重构治理中心下移的治理体制之后，最为关键和最为根本的是通过治理行动供给高水平的公共服务，切实解决民众面临的急难愁盼问题①。在这样的情况之下，各级官员的担当作为显得尤其重要。然而，一些政府官员往往存在一种“邀功”和“避责”的倾向，他们常常喜欢从事一些能够有利于他们升迁的“政绩工程”，并且通过“避责”行为来拖延问题解决②。这些行为从根本上是对党的初心和使命的背离，没有遵循“为人民服务”的宗旨，没有做好“人民的公仆”，本质上是官民关系的错位。2018 年 5 月 20 日，中共中央办公厅印发并实施《关于进一步激励广大干部新时代新担当新作为的意见》，就是在尝试建立激励机制和容错纠错机制，教育引导广大干部不忘初心、牢记使命，教育引导广大干部深刻领会新时代、新思想、新矛盾、新目标提出的新要求，教育引导广大干部不负党和人民重托，进一步激励广大干部新时代新担当新作为。为此，就需要解决干部的知与行、激励与约束、专业与能力、评价与监督等一系列问题，切实让各级领导干部“在其位、谋其政、干其事、求其效”。

接诉即办改革的设计者很早就认识到担当作为的重要性，这也是党的初心和使命从治理目标转变为治理实效的关键。2019 年 3 月 28 日，北京市委召开区委书记月度工作点评会，市委主要领导提出：“各区、各部门、各街道乡镇具体情况各异，工作做得如何，不仅看群众诉求数量，更重要的是看解决率和群众满意率，看干部的担当作为和作风。接

① Barzelay M, Thompson F. Back to the future: making public administration a design science[J]. Public administration review, 2010, 70, S295-S297.

② Hong S, Kim S H, Son J. Bounded rationality, blame avoidance, and political accountability: how performance information influences management quality[J]. Public management review, 2020, 22(8): 1240-1263.

诉即办，关键在办。只要真心为民办事，就没有办不成的事。功夫不负有心人，办法总比困难多，希望各级各部门都要在接诉即办、解决群众身边的问题上见行动。”应该说，“接诉即办，关键在办”的提出，就说明了治理行动的重要性。北京市为了推动市民诉求和问题的有效解决，采取了价值引领、激励和约束并行、指导和帮助等多种方法，切切实实让各级干部在“赛马机制”中为民服务和建功立业。接诉即办改革首先是一个思想观念转变的问题，是否能够对市民共情、是否能够甘当小学生，这直接决定了能否办理好诉求，并且取得良好的绩效。我们在很多区、街道和社区进行调研时，发现主要领导对于接诉即办的认知选择，直接决定了接诉即办的绩效[①]。思想和观念的改变常常是很困难的，北京市为了激励各级干部重视接诉即办工作，通过把评价权还给市民，以响应率、解决率和满意率的三率为基础对各区、部门、街道进行评价，鼓励各类治理主体比学赶帮，从而形成一种“赛马效应”。与此同时，组织部门将接诉即办绩效与干部任命结合起来，纪检部门持续开展接诉即办监督，形成了一种激励和约束并行的格局，最终是希望让接诉即办成为一种文化、习惯和自觉。对于诉求量比较多的街道，北京市通过挂牌督办和集中整治的方式，形成市级部门、区级部门和街道共同会诊，切实提升办理质量。事实上，北京市公安局在推进派出所的接诉即办工作中，也采取了挂牌督办的方式，在市局和区公安局的帮助下，很多派出所的诉求办理质量得到提升，公安部门的整体诉求办理水平迈上一个新台阶。

四、接诉即办改革重造历史主动精神的治理主动

习近平总书记在党的二十大报告中强调：“全党同志务必不忘初心、

① 有关认知选择和绩效之间关系，借鉴了文森特·奥斯特罗姆的观点（参见：Ostrom V. Epistemic choice and public choice[J]. Public choice, 1993, 77(1): 163-176.）。

牢记使命，务必谦虚谨慎、艰苦奋斗，务必敢于斗争、善于斗争，坚定历史自信，增加历史主动，谱写新时代中国特色社会主义更加绚丽的华章。”这是继《中共中央关于党的百年奋斗重大成就和历史经验的决议》首次以决议的形式提出“历史主动精神”之后我们党再次对其加以强化，应该说，未来历史主动精神会成为治国理政哲学的重要组成部分。主动精神是人类的最本质特征，思想、观念和意志本身就意味着主动，没有主动就没有人类的创造。历史主动精神就需要我们有战略洞察力和研判力，通过把握世界和人类运行的规律，根据自身的优势和机会，以及面临的问题和挑战，通过积极作为，避免可能产生的坏的结果，创造更加符合期望的美好未来。历史主动精神也是中国传统文化的重要组成部分，“人无远虑，必有近忧”，“为之于未有，治之于未乱”，“上医医未病，中医医欲病，下医医已病”，这些都是对主动作为的论述。当然，人类的理解、设想和创造也需要考虑自然、社会和历史的局限，不能够天马行空、以梦为马，随心所欲、为所欲为。相反，主动精神需要建立在历史发展的脉络中，通过对历史发展规律的把握，做到有所为，有所不为，这才是真正的历史主动精神。事实上，人类一旦设定目标，就意味着主动作为。历史主动则是更强调在历史发展脉络中，通过对历史的机遇、局限、约束、挑战的研判，切实提高实现目标的能力。

接诉即办改革重造历史主动精神，实施主动回应和主动治理的双阶治理主动来践行党的初心和使命，这也是更深层次的治理革命。很多时候，人总是有一种惰性，把问题留在后面解决，只有不得不面对时，才去解决。积极回应市民诉求，直面问题，处理棘手难题，这本身需要勇气。从这个意义上看，北京市启动接诉即办改革就代表了主动回应市民诉求，直面问题和难题，开门推行治理，通过治理主动来建立良性的党和人民之间的关系，这是一阶治理主动的含义。从某种程度上看，接诉即办改革所体现的主动回应实质上是开创新时代群众路线的新范式。“一切为了群众，一切依靠群众，从群众中来，到群众中去”，这是群众路线的核心内容。接诉即办提供了一个党和政府与群众之间沟通的载体和界面，它也使得群众路线转化为治理实践，并且具有持续性。更为重要的是，北京市在推行接诉即办改革积极主动回应市民诉求的同时，还试图基于诉求形成的民生大数据，从中“算出”民众所思所想所盼，以“每月一题”的方式实施“主动治理、未诉先办”，试图从根本上解决诉求产生的来源，这是二阶治理主动的含义。与作为主动回应的一阶治理主动相比，“主动治理、未诉先办”所体现的二阶治理主动更复杂、更困难、更艰巨，对治理主动的能力素质要求更高。北京市从 2021 年开始推行的“每月一题”改革，其治理主体从基层转向市级部门，旨在让市级部门通过制度改革、政策变革和职责调整，来解决市民普遍关心的问题，弥补治理短板，真正为基层减负。以“房产证办理难”为例，北京市已经连续两年将之列为“每月一题”，一共办理了超过 15 万套房产。接诉即办改革所体现的双阶治理主动是相互联系、相互促进、协同发展的，只有主动回应才会主动治理，只有主动治理才能够更好地主动回应。

五、接诉即办改革重铸市民诉求驱动的治理范式

习近平总书记在党的二十大报告中指出：“从现在起，中国共产党的中心任务就是团结带领全国各族人民全面建成社会主义现代化强国、实现第二个百年奋斗目标，以中国式现代化全面推进中华民族伟大复兴。……中国式现代化，是中国共产党领导的社会主义现代化，既有各国现代化的共同特征，更有基于自己国情的中国特色。”中国共产党提出的“中国式现代化”，既是奋斗目标，也是理论探索的命题。国家治理体系和治理能力现代化是“中国式现代化”的应有之义，也是发挥着基础性和支撑性作用的构成要件。这也意味着，党的十八届三中全会提出的“完善和发展中国特色社会主义制度，推进国家治理体系和治理

能力现代化”全面深化改革的总目标，以及党的十九届四中全会通过的《中共中央关于坚持和完善中国特色社会主义制度、推进国家治理体系和治理能力现代化若干重大问题的决定》，都需要在新征程中得以实现。很显然，中国要推进国家治理体系和治理能力现代化，既需要考虑国家治理的一般规律，也需要考虑中国国情，尤其是中国共产党领导、中国特色社会主义道路、马克思主义思想指导地位、中国传统文化和中国经济社会发展阶段等各种因素。与此同时，国家治理会体现在各领域、各层级、各行业和各系统的治理中，它本身是一个复合的治理系统，需要多个方面的实验和探索。随着城市化进程的开展，城市治理会成为国家治理的主战场，超大城市治理又是城市治理的重中之重，它需要率先实现中国式超大城市治理现代化。

北京市接诉即办改革通过牢记党的初心和使命，重返以人民为中心的治理目标，紧紧围绕着市民诉求的多重建构，将诉求作为抱怨、反馈和信号，通过诉求办理、主动治理、未诉先办、职责明晰、治理改革等一系列举措，探索形成了市民诉求驱动的中国式超大城市治理范式。市民诉求驱动的中国式超大城市治理范式，其核心是对诉求的多维建构，关键是治理多阶段的有机统一，最终目标是在超大城市的场域下实现党的初心和使命。市民诉求首先是一种个人抱怨，它是民众个人对于党和国家治理、问题解决和公共服务提供的意见表达，可能合理，也可能不合理。对于市民诉求的快速回应、合理诉求的高效办理、不合理诉求的劝说，这应该是超大城市治理现代化的题中应有之义。一旦市民诉求得到有效回应，我们可以称之为回应治理的目标得以实现。市民诉求还可以作为各级政府、部门和官员个人治理行为和效果的反馈。比较理想的状态是市民诉求少，一旦有诉求便能够得到有效解决。相反，如果市民诉求多，并且办理水平差，一定是治理能力不足的表现，这意味着该治理主体需要同步解决问题和提升治理水平。市民诉求还可以作为整体治理系统运行的信号，也就是俗称的“晴雨表”，通过市民诉求可以感受整个城市的脉动。北京市正是通过以市民诉求为基础开展“城市体检”，实施主动治理、未诉先办、制度改革等一系列治理举措，推动首都治理体系和治理能力现代化。北京接诉即办改革围绕市民诉求，探索了一条自我革命和社会革命相互促进的治理革命。接诉即办是对党和政府的“自我革命”，它要求政府接受民众的监督，并且通过政府自身的监督系统来促进各级政府履职。接诉即办更是一场“社会革命”，它本质上是对党和政府与民众之间关系进行重新塑造，并且会推动社会自身的再造和改革。例如，实施接诉即办改革之后，由于涉及的问题并非仅仅依靠政府能够解决，还需要市民通过民主协商来解决，这便会促进社会内生动力的发育。由此可见，北京市对接诉即办改革的持续探索，正在形成超大城市治理“首都样板”。

六、接诉即办改革重思人本、系统和天下的治理哲学

习近平总书记在党的二十大报告中指出：“我们党勇于进行理论探索和创新，以全新的视野深化对共产党执政规律、社会主义建设规律、人类社会发展规律的认知，取得重大理论创新成果，集中体现为新时代中国特色社会主义思想。”2020 年 5 月 22 日，习近平总书记在参加十三届全国人大三次会议内蒙古代表团审议时指出：“各级领导干部要树立正确的权力观、政绩观、事业观，不慕虚荣，不务虚功，不图虚名，切实做到为官一任、造福一方。”这意味着，中国共产党在治国理政中，非常重视理论探索，注重从哲学的角度来进行反思，形成指导实践的世界观、方法论、认识论、权力观、政绩观、价值观和事业观等：我们党的治理哲学正在形成。党的二十大报告将新时代中国特色社会主义思想的世界观和方法论总结为六个方面，即必须坚持人民至上、必须坚持自信自立、必须坚持守正创新、必须坚持问题导向、必须坚持系统观念、必须坚持胸怀天下。这表明，党的治理哲学迈向了一个新境界。很显

然，推进国家治理体系和治理能力现代化，也需要遵循这些治理哲学。

接诉即办改革在治理实践的不断探索中，通过不断厘清治理实践的本质，强化对治理规律的认知，探索有效的治理方法，形成了蕴含人本、系统和天下理念的治理哲学。接诉即办改革贯彻人本哲学思想，坚持人民至上的原则，将以人民为中心体现在诉求受理、办理、反馈和主动治理等治理过程的各个环节，贯彻全过程人民民主理念，正在形成治理民主的生动实践。接诉即办改革坚持自信自立，它以一种历史主动精神来回应市民诉求，促进问题解决，并且不断主动来解决超大城市治理面临的各种难题，这体现了一种对超大城市治理的自信，走出了一条力争探索适合中国国情的超大城市治理的新路。接诉即办改革坚持守正创新，始终围绕着坚持党的领导、坚持社会主义道路、坚持马克思主义指导地位，牢牢把握党的初心使命这一根本，它在回应市民诉求的同时，不断推进各个领域的改革和创新，试图创造性地解决治理难题，创新也就成为接诉即办改革的鲜明特色。接诉即办改革坚持问题导向，从问题的视角思考市民诉求，以逐个的问题解决来获得人民满意，探索问题解决的超大城市治理新科学。通过接诉即办改革，北京市委市政府能够更好地感知这个超大城市所面临的主要问题空间、框架和结构。接诉即办改革坚持系统观念，它在回应一个一个具体问题的同时，也开始思考不同问题之间的联系，实现从特殊向一般的跨越，并且基于动态的思维来考虑问题的演进过程，提前采取应对措施，从而避免问题产生。北京市推行的“每月一题”“治理类街乡镇”的集中整治等举措都体现了系统观念，这也让城市治理者在面对问题时能够更加从容。接诉即办改革坚持胸怀天下，这是由首都建立国际和谐宜居之都的目标和“四个中心”功能的定位决定的。在推行接诉即办改革的过程中，北京市非常重视学习和借鉴国外城市的治理经验，及时回应外国民众的诉求，将诉求办理与国际人才社区建设等联系起来，让外国友人感受到首都北京的包容和温暖，向世界展现这座城市的文明和文化。正是在这些世界观和方法论的指导下，接诉即办改革使得城市治理者能够眼睛向下、脚步向前，权为民所用、情为民所系、思百姓之所思和想百姓之所想，也使得人民公仆的价值得以回归、干群关系得以改善，有利于人民、有利于党和国家的事业并且符合超大城市治理规律的权力观、价值观、事业观和政绩观正在形成。

第三章

接诉即办的治理功能

2022年6月27日至30日，北京市第十三次党代会召开，明确提出，发挥人民群众主体作用，探索形成以接诉即办为牵引的超大城市治理"首都样板"。这意味着，"以接诉即办为牵引的超大城市治理'首都样板'"既为接诉即办改革指明了方向，又为接诉即办改革赋予了新的定位、职责和使命。

接诉即办能否推动治理变革创造出超大城市治理"首都样板"，关键取决于接诉即办的治理功能的实现程度。事实上，接诉即办之所以能够发挥牵引作用，最根本的原因在于接诉即办的治理功能在不断被重新定义和深化完善。从社会学家默顿提出的显功能和潜功能的视角出发，结合个人、组织和系统三个层次，可以总结出接诉即办的十二大治理功能，即：（1）接诉即办的问题解决功能；（2）接诉即办的能力提升功能；（3）接诉即办的人心凝聚功能；（4）接诉即办的作风转变功能；（5）接诉即办的全面回应功能；（6）接诉即办的应急管理功能；（7）接诉即办的赋能基层功能；（8）接诉即办的预警前瞻功能；（9）接诉即办的部门协调功能；（10）接诉即办的推动改革功能；（11）接诉即办的信息收集功能；（12）接诉即办的城市体检功能。

一、从功能视角看接诉即办改革

接诉即办能否以及如何牵引超大城市治理从而形成“首都样板”？这是当前接诉即办改革需要回答的根本性问题。我们认为要探索形成以接诉即办为牵引的超大城市治理“首都样板”，其核心是作为子系统的接诉即办在完成自身目标定位的情况之下能够与超大城市治理系统进行良性互动，推动首都治理体系和治理能力现代化。为了更好地理解作为子系统的接诉即办和作为系统的超大城市治理之间的复杂互动关系，我们可以引入功能分析的视角，讨论接诉即办的治理功能，从而厘清接诉即办的自身运行逻辑和它作为子系统的运行逻辑。简言之，接诉即办通过多种“治理功能”作用的发挥，来实现它作为子系统的独立运行，以及作为系统组成部分的子系统运行，前者是讨论接诉即办的子系统功能，后者是讨论接诉即办的系统功能，两者相辅相成、相互促进、协同共生。

功能分析一直是社会学和公共管理学的重要研究传统，它构成了社会系统运行的重要解释框架。社会学家默顿在对功能的概念进行梳理时，指出了社会学和生物学对于功能的不同理解[①]。前者强调社会系统中的“相互依存”、“相互关系”或“相互依赖的变化”，如帕森斯的AGIL模型提出社会系统存在“适应功能”（adaptive）、“目标达成功能”（goal）、“整合功能”（integration）和“模式维持功能”（latency）[②]。后者强调“有助于维持有机体的生命过程或有机过程”，即“重复发生的生理过程之功能就是该过程和有机体的需要（即存在的必要条件）之间的协调”[③]。

---

① 罗伯特·K.默顿．社会理论和社会结构[M].唐少杰，齐心，等译．南京：凤凰出版传媒集团，2008.

② 塔尔科特·帕森斯．社会行动的结构[M].张明德，夏遇南，彭刚，译．南京：凤凰出版社传媒集团，2003.

③ 罗伯特·K.默顿．社会理论和社会结构[M].唐少杰，齐心，等译．南京：凤凰出版传媒集团，2008：93.

由此可见，生物学意义上的功能是满足生物体的需求，这和满足社会系统的需求具有类似性。公共管理学者也十分重视功能研究，如早期学者对政治与行政功能的区分，以及通过厘清行政功能的内涵与边界来重构学科的身份与标识。无论早期巴纳德讨论经理人员的职能，还是此后对政府职能的讨论，以及对政府与市场、社会之间关系的讨论，都受到功能学派的影响。

对于接诉即办治理功能的研究，可以结合系统论，以及默顿有关显功能和潜功能的区分，形成治理功能的分类谱系，由此总结出接诉即办的十二大治理功能（见表 3-1）。这里的系统论主要是指接诉即办作为一个独特的治理系统，以及作为超大城市治理系统的子系统，为了研究方便，我们区分了个人、组织和系统三个层次。这里的显功能和潜功能是指功能是否符合设计者预期，主要目的和客观结果是否一致。显功能是有助于系统调适、为系统参与方所期望和认可的客观结果；潜功能是无助于系统调适、系统参与方不期望也不认可的客观结果。当然，潜功能也可以进一步区分为潜正功能和潜负功能，前者强调对所指定的系统具有正功能的结果，后者强调对所指定的系统具有负功能的结果。潜功能强调非意图的结果，显功能则关注意图的结果。当然，显功能和潜功能两者并非孤立关系，而是存在相互转换的可能性。当潜功能被系统方所认可，就有可能从潜功能转化为显功能。表 3-1 所讨论的治理功能都是从正面的角度讨论，有些是意图的功能，有些则在早期是非意图的功能，但是随着功能的发挥而逐步转化为意图的功能。为了方便讨论，我们还是将接诉即办最直接的功能定位为显功能，而将延伸出的功能、再开发的功能或非意图的功能定位为潜功能。

表 3-1　接诉即办的治理功能分类

层面	显功能	潜功能
个体	问题解决功能 能力提升功能	人心凝聚功能 作风转变功能

续表

层面	显功能	潜功能
组织	全面回应功能 应急管理功能	赋能基层功能 预警前瞻功能
系统	部门协调功能 推动改革功能	信息收集功能 城市体检功能

二、接诉即办的个体层面功能

接诉即办的个体层面功能主要是讨论其对市民和公务员的效用，核心问题是接诉即办给他们的态度、价值、认知、评价和行为带来了什么改变。北京市在设计接诉即办改革时，最初的意图是快速回应市民诉求，提升民众的获得感、幸福感和安全感。事实上，接诉即办改革也是贯彻和落实习近平总书记对北京考察讲话精神的具体举措，切实践行“人民城市人民建，人民城市为人民”的理念。2017 年 2 月 23 日至 24 日，习近平总书记在考察北京时指出：要坚持人民城市为人民，以北京市民最关心的问题为导向，以解决人口过多、交通拥堵、房价高涨、大气污染等问题为突破口，提出解决问题的综合方略。要健全制度、完善政策，不断提高民生保障和公共服务供给水平，增强人民群众获得感。很显然，接诉即办改革就是实现“以北京市民最关心的问题为导向”的具体举措，并且正在成为“解决问题的综合方略”。因此，对于接诉即办的治理功能讨论，离不开个体层面视角，功能需要在市民和公务员两个微观主体中得以发挥作用。对于市民而言，接诉即办改革之后，他们自身的诉求和问题是否得到处理，对政府的认可度和信任感是否提升，是否更容易与政府合作开展集体行动？对于公务员而言，接诉即办改革之后，他们的公仆意识、为民情怀、担当作为是否得到提升，能否形成让人民满意的工作作风？对于这些问题的回答，构成了接诉即办个体层面功能研究的关键议题。接下来，我们将分别从显功能和潜功能的角度，讨论在个体层面接诉即办的四种治理功能，即问题解决功能、能力提升功能、人心凝聚功能、作风转变功能。

接诉即办改革以12345市民服务热线为主渠道，回应市民诉求实现问题解决。问题解决功能是接诉即办的首要治理功能，也是其存在的正当性和合法性的基础。接诉即办的问题解决功能包含多个层次、多个维度和多个领域，既包括个体问题和类型问题，又包括系统问题和未来问题。正是通过问题解决功能中的“问题空间”的多维定义，赋予了接诉即办改革持续的生命力。而“问题空间”的多维定义，其一切来源是北京市民通过12345市民服务热线等多种渠道反映的诉求，这些诉求依据政府职能和市民期望而被建构成不同类型的问题。根据北京市政务服务管理局2022年6月发布的数据，3年来，全市受理民意诉求5 199万件，交出了诉求响应率100%、解决率93%、满意率94%的答卷。市民诉求存在不同类型，这意味着其问题解决方式、手段和途径也存在差异性。对于市民的很多咨询类诉求，12345市民服务热线可以直接通过提供咨询服务给予答复，而对于专业性比较强的问题则需要转给相关部门。对求助、投诉、举报、建议类诉求，市民服务热线工作机构需要根据职权法定、属地管理、分级负责的原则，按照派单目录，即时派单至承办单位。通常而言，求助、投诉、举报类诉求的解决，需要投入较多的人力、物力、财力、时间和精力，存在一个问题解决的过程。可以说，所有考核制度、“吹哨报到”制度、“每月一题”制度等其他制度变革，都是问题解决治理功能派生出来的产物，或者说是为了实现问题解决功能而衍生出的其他治理功能，它们都是为了促进问题解决。

接诉即办改革对于公务员而言，发挥了能力提升功能。接诉即办改革作为一种治理范式变革，必然会重新调整公务员与市民之间的关系模式，也会对公务员的能力和素质提出更高要求。2020年10月，习近平总书记在中青年干部培训班中强调，干部特别是年轻干部要提高政治能力、调查研究能力、科学决策能力、改革攻坚能力、应急处突能力、群众工作能力、抓落实能力。这些能力提升需要依托一定的治理场景，通过具体的治理实践来实现，并在能力提升中推进治理问题解决。接诉即办改革使得各级政府部门的公务员直接面向基层一线，到基层去解决问题。由于这些问题是以市民诉求为基础，这使得可能的“问题框”变得多种多样，所面临的“人群类型”也差异很大，这就需要公务员既要具备快速应对问题的能力，也要锻炼与人打交道的能力，尤其是针对不同身份、地位和偏好的人采取差异化沟通策略的能力。接诉即办改革涉及范围广、部门多、问题复杂，这使得全市几乎所有公务员都需要在回应市民诉求中提升治理能力。简言之，接诉即办作为一种不同于常规治理、应急治理的第三类诉求治理，起到了杠杆作用，实现了问题解决与能力提升的双向互动。事实上，很多政府和部门都意识到要办好接诉即办工作，需要较高的能力和素养，它们通过案例分析、标杆学习、现场研讨、专题办公等方式来提升问题解决能力。治理能力提升可能存在一个“倒U”曲线，开始会提升较高，到一定程度之后，边际收益会下降——当然，如果不重视对治理能力提升，有可能会再次快速下降。从这个意义上看，要保持接诉即办治理绩效的高水平，就需要在能力提升上持续下功夫。

从潜功能的角度看，接诉即办会发挥人心凝聚功能，让市民更好地认同党和国家的治理。2021年2月20日，习近平总书记在党史学习教育动员大会上表示：“我们党的百年历史，就是一部践行党的初心使命的历史，就是一部党与人民心连心、同呼吸、共命运的历史。历史充分证明，江山就是人民，人民就是江山，人心向背关系党的生死存亡。”党和国家的治理要赢得人心，就需要与人民心连心、心交心，切实从人民的立场出发来想问题、做决策和干工作。接诉即办改革始于诉求回应和问题解决，随着工作的持续开展，一定会上升到心灵治理层面，它涉及公务员和民众之间情感共鸣，需要他们共同认知、共同学习、共同理解和共同信任，通过认知共识和价值共识来实现共同行动。正是因为接诉即办发挥了人心凝聚功能，这可以解释尽管很多时候市民反映自身问题没有得到解决，在对绩效进行评估时，仍然会给出满意的评价。满意率高于解决率就是人心治理的体现，说明市民开始尝试理解党和政府的治理行动。人心政治和心灵治理既不能一蹴而就，也不能一劳永逸，它需要各级治理主体在持续回应市民诉求的同时，能够从人民的立场出发来推进治理，实现治理的“人民在场”。北京市接诉即办改革之所以难能可贵，一方面在于它的坚持，从 2019 年开始到目前已经持续 4 年多；另一方面它通过制定《北京市接诉即办工作条例》将改革成果固化，避免了虎头蛇尾式的治理。

接诉即办改革要发挥人心凝聚功能，就离不开作风转变功能的实现。接诉即办的作风转变功能需要较长时间的努力才会有成效，它是公务员群体在治理实践中不断进行反思而形成的一种治理自觉。这意味着，只有公务员群体通过持续努力，不断与市民打交道，双方在多样性场景中持续进行互动，才能够将接诉即办工作从“要我干”转变到“我要干”，从而使得接诉即办工作成为一种治理文化、治理习惯和治理传统，切实转变干部工作作风。事实上，所有的外在激励都会存在机会主义行为，并且也会随着上级领导和部门的注意力分配转移而产生懈怠，这也是很多创新项目最后不具有可持续性的原因所在。要让创新可持续，要实现接诉即办的自我运转，就需要在文化、习惯和价值上下功夫，让诉求回应、问题解决、主动治理和未诉先办成为一种自觉和习惯。简言之，只有接诉即办的作风转变功能得以实现，各级治理主体才会自觉回应市民诉求，实现接诉即办从一种自上而下和监督惩罚主导下的治理行为向自下而上和内在自觉主导下的治理行为转变，这也是更深层次的治理变革。一方面，作风转变不容易；另一方面，作风转变之后保持可持续性也不容易，需要在动态适应中保持韧性。

三、接诉即办的组织层面功能

接诉即办的组织层面功能主要讨论其对各级政府及其部门的效用，核心问题是接诉即办对政府职能产生了什么影响，它是如何补充、优化或者强化政府职能的。1978 年以来的中国改革开放史就是政府职能转变和调整的历史，政府职能成为连接政府机构改革和国家治理变革的桥梁和中间环节。一方面，政府职能转变是重新调整政府与市场、政府与社会之间关系的过程，它涉及国家与社会之间边界的调整。在很长一段时间里，政府职能转变的目的是适应中国从计划经济向市场经济转型，这使得发展型政府成为政府职能转变的主要解释框架。而随着经济逐步从计划向市场转型，在这一过程中出现了民生、社会、生态等各种问题，它要求发展型政府向服务型政府转变，政府需要平衡不同的治理目标，实现经济社会生态协同发展。在这样的背景之下，政府逐步形成了当前的经济调节、市场监管、社会治理、公共服务和生态保护等方面的职能体系，它对政府有更高的要求。另一方面，政府职能转变也是政府机构改革的主要动因，通过“定机构、定职能和定编制”来重新明确各级政府和部门的职责定位，使得它们能够适应快速变化的经济社会发展趋势。政府机构改革总是与政府职能转变联系在一起，新的职能会创立新的政府机构，职能的转变也会导致机构调整、合并和撤并等。接诉即办的组织层面功能体现为完善、优化和发展政府职能，除了促进各级政府和各类部门职责明确清晰之外，它还发挥了如下四项治理功能，即全面回应功能、应急管理功能、赋能基层功能、预警前瞻功能。

接诉即办改革强化了全面回应功能，它实现了从单向度行政向互动治理转变。传统的行政是自上而下的等级统治，民众需要按照政府的规定和要求办事，官僚主义、形式主义比较严重。与此同时，由于采取自上而下的等级体制，使得各级政府部门通过“层层加码”来推进工作，这也导致了基层负担过重。基层组织又会将这些压力和命令传导给市民，为此，自上而下的科层体系所形成的“压力叠加”会以官民之间的恶性互动集中体现，这也使得基层治理成为各级政府和主政者不得不面临的治理难题。要改变这种单向度行政，就需要从提升政府的回应性功能开始，政府需要回应民众来提供更高质量的公共服务，实现公共福祉整体水平提升。事实上，通过回应和反馈来改善治理和提升服务水平，一直是企业的标准行为，互动学习和互动创新也是企业提升竞争力的策略选择。接诉即办改革最大的特点就是加强了北京市各级政府、部门、机构和组织的回应性，使得所有公共组织都需要直接回应市民诉求，直接到一线解决问题。事实上，接诉即办的全面回应功能得以实现，主要是通过与环境之间信息、情感、绩效的多维双向持续互动，尤其是与民众之间围绕诉求、问题解决、职责权限等进行对话、沟通和辩论，使得超大城市治理系统从封闭走向开放。政府的全面回应功能的回归，既是善治的体现，也是政府改革的要求。接诉即办改革通过 12345 市民服务热线这一渠道，找到了政府和市民良性互动的路径。

接诉即办改革提升了应急管理功能，它成为常规管理和应急管理之间的连接器。自 2019 年北京市推行接诉即办改革以来，它对于应急管理功能的提升至少体现在两个方面：一是直接参与了应急管理，二是提升了各级组织从事应急管理的能力。北京市在推行接诉即办改革一年之后，就面临新冠疫情的冲击和治理大考，12345 市民服务热线成为回应市民涉疫诉求的主渠道，接诉即办在疫情防控中也发挥着重要和关键作用。北京市 2021 年 12 月发布的数据显示，过去 2 年涉及疫情的诉求达到 400 多万件，属于前十类问题中的第一大问题。2022 年 6 月，北京市接诉即办总结表彰大会指出，“在疫情防控中，北京以‘接诉即办’为抓手，做好规模性疫情应急处置资源能力储备和机制建设。例如，针对紧急就医、物资短缺、特殊群体服务等紧急诉求，开通专门通道，坚持‘2 小时内响应、24 小时内反馈’，高效办理疫情中的群众急难愁盼问题”。与此同时，12345 热线中心还通过接诉即办渠道报送《疫情快报》700 余期，并与政策发布部门一体联动，第一时间向市民提供最新政策指引。接诉即办改革除了直接参与应急管理之外，还通过发挥能力提升功能，切实增强了各级组织从事应急管理的能力。应急管理能力需要依托一定的治理场景进行培养，接诉即办中的很多诉求也具有应急特点，把这些诉求处理好，本身就是习得应急管理技艺的过程。

从潜功能的角度看，接诉即办还发挥了赋能基层功能和预警前瞻功能，这些功能属于政府回应性功能和应急管理功能的派生功能。接诉即办起到了赋能基层的作用，这一功能发挥主要通过让多级治理主体参与基层治理和基层组织的能力提升来实现。从北京市发布的近 3 年接诉即办数据来看，区级部门承办占比 37.8%，街道乡镇承办占比 36.0%，市属机构承办占比 16.1%，国有企业承办占比 7.4%，电商企业及其他单位承办占比 2.7%。这些数据说明，接诉即办推动了所有治理主体到基层一线解决问题。这一方面会减轻基层负担，告别属地管理所带来的避责行为；另一方面也会让这些治理主体能够更好懂得基层的特点，为未来政策制定提供基层经验基础。事实上，接诉即办改革也提供了一个基层组织反映基层问题的途径，使它们通过在诉求办理中进一步厘清基层治理中可能存在的难点和困难，并且可以通过制度化途径及时向上级部门反映。接诉即办改革对于基层治理能力的提升，既表现为通过促使基层组织在解决问题中提升能力，这是经济学中所强调的“干中学”，又表现为通过“吹哨报到”机制对基层的赋能，让它们切实拥有更多资源、权力和手段来解决问题。当然，推动所有治理主体到基层一线解决问题和提升基层组织问题解决能力两者并非完全对立，两者相辅相成、相互促进，在很多时候需要通过协同来真正解决基层治理难题。

接诉即办激活了各级治理组织的预警前瞻功能，这使得面向未来的治理雏形形成。很多政府和部门之所以慢慢会重视预警前瞻功能，一个很重要的原因就是其不满足于总是事后回应，所有的回应都是被动的，而只有提前采取行动避免问题产生，才可能减少事后回应的频率和数量。为此，各级政府和部门就需要在治理规律上进行探索，通过把握事物运行规律和治理过程运行规律，提前采取预防行为，降低问题产生的概率，从而能够实现前瞻治理。接诉即办改革通过民生大数据的再开发、治理主体直觉的培养和政民良性互动重新激活了预警前瞻功能，实现“主动治理、未诉先办”。接诉即办改革形成了一个民生大数据的“富矿”，它是超大城市治理的“晴雨表”。这些大数据基于人工智能和算法技术可以生成“未来问题”，让治理主体通过提前采取行动，避免“未来问题”真正成为问题。可以预期，对于接诉即办实时大数据的开发，将会是实现预警前瞻功能的关键。与此同时，各级治理主体和治理组织有时会在不断处理市民诉求中形成一些治理直觉、本能和领悟力，这些直觉、本能和领悟力会使得它们能够提前对可能需要治理的问题进行预警，并且通过及时采取行动而降低风险。此外，接诉即办也会促使更多的政府和民众互动，这种互动也会使得双方在交往中化解风险、协商解决问题和形成共识。

四、接诉即办的系统层面功能

接诉即办改革的系统层面功能主要是讨论其对首都超大城市治理系统的作用，其核心问题是接诉即办给治理系统带来了什么改变。如果不能够推动超大城市治理进行系统性、根本性和全局性变革，以接诉即办为牵引的超大城市治理“首都样板”这一命题就不可能成立。当我们讨论接诉即办改革的系统层面功能时，其核心至少包含两个层面的内容：一是作为超大城市治理系统的子系统，它发挥了什么功能；二是作为超大城市治理系统的子系统，它对整个系统发挥了什么功能。事实上，这两个层面的功能是紧密联系在一起的，只有发挥好子系统的功能，才能够对整个系统功能的优化和完善发挥作用。从某种程度上看，前面论述的接诉即办改革的个人层面功能和组织层面功能都可以归属于子系统层面功能。简言之，个人和组织是子系统得以运行的基础。同样，接诉即办改革通过发挥个人和组织层面功能，正在整个超大城市治理系统中创造一种新的治理功能，它是一种面向诉求任务的治理功能，不同于常规任务的治理功能，也不同于应急任务的治理功能。为此，我们接下来讨论接诉即办改革的系统层面功能，重点是关注作为子系统的接诉即办对首都超大城市治理系统运行的价值。接下来，我们将分别从显功能和潜功能的角度，讨论接诉即办改革的四类系统层面功能，即部门协调功能、推动改革功能、信息收集功能和城市体检功能。

接诉即办改革发挥了促进部门协调功能，使得为民服务的整体性政府成为可能。专业化分工和部门间协调既是组织的核心问题，也是治理的核心问题，前者主要关注组织内协调与整合，后者主要关注组织间协调与整合。此前，针对组织间协调与整合，政府已经采取了一些措施，如机构整合、跨部门协调机制等来促进政府部门间协同。应该说，这些协同取得了一定效果，但是仍然面临很多挑战。接诉即办改革开启了一种基于问题促进部门协调的机制，它是对超大城市治理系统进行优化的重要举措。这意味着，接诉即办改革产生的部门协调功能是问题驱动，尤其是复杂问题驱动。面对棘手难题，一方面基层政府通过“吹哨报到”实现部门协调，另一方面市委市政府通过“每月一题”实现部门协调。事实上，无论是“吹哨报到”，还是“每月一题”，它们作为问题驱动的跨部门、跨层级和跨领域协调机制，为推进整体政府建设提供了新举措。“吹哨报到”作为一种赋能基层的机制，之前由于需要街道乡镇“吹哨”，区级部门“报到”，这种机制在自上而下的科层体制之下会面临着“管理困境”。简言之，下级很难经常对上级“吹哨”，这与自上而下的科层逻辑不相符。但是接诉即办改革的推进，使得“哨声源”从基层官员转为市民，相当于基层官员代表市民对区级部门进行“吹哨”，这是一种权力的再平衡机制。当然，“每月一题”机制则不涉及下级给上级“吹哨”，它是一种自上而下的围绕问题展开的跨部门协调机制，其使得协调绩效变得更好衡量。

接诉即办的另外一项重要功能就是推动改革，它是接诉即办被赋予改革内涵的原因所在。事实上，接诉即办的推动改革功能包含双重含义：一方面，接诉即办本身就是一项改革，通过接诉即办改革，市民诉求得到快速回应，问题得到有效解决；另一方面，接诉即办是推动改革的因素，很多问题正是因为接诉即办而被发现，进而被提上了改革的议事日程。接诉即办之所以能够推动改革，原因很简单，市民诉求并非都可以在现有的制度和政策之下得到解决，有一些诉求具有合理性，但是依据现有的制度和政策又没有办法得到解决。这就意味着，如果要解决市民诉求，推动问题解决，就需要首先改变制度和政策，在规则得到改变的情况之下，很多问题就可能得到解决，否则就可能会陷入进退维谷的状态。以北京市的房产证办理为例，北京市要推进 50 多万套房屋的房产证的办理，由于各种原因，按照现有的法规和政策，这些房屋没有办理房产证的可能性。要满足市民的合理需求，就需要在改革上下功夫，通过改革来解决房产证办理中存在的问题，促进历史遗留问题的妥善解决。与房产证办理相类似的，还有新型问题的监督，对于新出现的问题，没有规则可以遵循，就需要通过改革来建立新规则。事实上，“每月一题”中涉及的很多问题，都需要通过改革来解决，这也正是这些议题需要由更高层级的市级政府和部门来推动的原因。

从潜功能的角度看，接诉即办作为超大城市治理系统的“信号”机制，发挥着对系统运行的信息收集功能和城市体检功能。接诉即办改革对于超大城市治理系统发挥着信息收集功能，其关键是诉求作为“信号”显示了超大城市治理运行的整体状况。对于市民而言，“诉求”是一种抱怨、意见、建议等，但是对于系统而言，“诉求”就可以被建构为一种从市民角度来评价超大城市治理的“信号”。这种“信号”不同于对物理系统的客观感知，它是一种市民主观感知所形成的信息，其中人在“信号”的生产、传输和反馈中发挥关键作用，这也使得依托人的诉求所形成的信息具有格外重要的价值。为此，民生大数据所形成的信息聚集可以不断地与超大城市治理系统进行匹配，从而形成不同的有价值判断，实现从数据到信息再到判断和决策的转变。事实上，数据只有被使用，才可能转化为信息，进而为决策提供参考，否则并没有什么价值。与其他资源相比，数据资源可以被反复使用，并且在不同维度中得到使用，一个人的使用并不会影响其他人的使用。这意味着，未来我们要从数据治理的角度重新挖掘接诉即办改革的价值，开发其信息收集功能，更加全面、准确和系统地进行数据的接收、整理、存储和使用等。一旦要发挥接诉即办的信息收集功能，也就对其科学性、准确性和完整性提出了更高要求。

当前，接诉即办的信息收集功能发挥作用的一个途径就是形成对超大城市治理系统的评价，这种评价是以城市体检功能来呈现的。接诉即办的信息既包括事实信息，即诉求的对象和问题，又包括价值信息，即诉求主体的评价和判断。接诉即办的信息既包括个体信息，即每一个市民对自身诉求和问题反映所形成的信息；又包括加总信息，即对很多个体信息进行加总之后形成的关于一个地区、一个部门和一段时间的信息。接诉即办的城市体检功能就是根据这些信息来对不同层级政府和部门的治理能力进行评价，以数据的方式展现市民关注的主要议题是什么、哪些职能需要加强、哪些程序需要完善、哪些短板需要强化。从这个意义上看，接诉即办所收集的信息相当于对超大城市治理系统的反馈，这些反馈又可作为评价和判断的基础。在对不同政府和部门进行城市体检时，接诉即办所发挥的信号源作用会在多个维度、多个时间和多个标准给出评价。例如，接诉即办所形成的城市体检报告，既包括“七有”“五性”情况，又包括疫情防控情况，还包括自身职责情况；既包括总量信息，又包括质量信息；既包括与过去的纵向比较，又包括与同级的横向比较，这些不同信息和多维呈现会以立体方式对不同层级政府和部门的治理绩效进行呈现，也会对超大城市治理的整体绩效进行呈现。

第四章

接诉即办的治理文化

2021年11月11日，党的十九届六中全会通过《中共中央关于党的百年奋斗重大成就和历史经验的决议》，提出："习近平新时代中国特色社会主义思想是当代中国马克思主义、二十一世纪马克思主义，是中华文化和中国精神的时代精华，实现了马克思主义中国化新的飞跃。"由此可见，完善和发展中国特色社会主义制度、推进国家治理体系和治理能力现代化，也需要与中国文化、中国精神和中国价值相结合，形成独特的治理文化。

接诉即办改革是习近平新时代中国特色社会主义思想在京华大地的生动实践，在回应市民诉求、解决问题和改善治理的基础之上，形成了与超大城市治理体系和治理能力现代化相适应的治理文化。结合文化理论，我们可以从治理目标、治理主体、治理过程、治理对象和治理环境等方面将接诉即办的治理文化总结为十个方面：（1）民本平等文化；（2）公仆谦卑文化；（3）实干兴邦文化；（4）赛马竞争文化；（5）协同共生文化；（6）制度渐成文化；（7）革故鼎新文化；（8）未雨绸缪文化；（9）群众自治文化；（10）不负人民文化。通过对接诉即办治理文化的探究，可以进一步凝聚改革共识，形成内生动力，推动可持续发展。

一、从治理文化的视角理解接诉即办改革

文化与经济发展、政治发展和社会发展之间的关系不断被提上日程，文化的重要作用再次得到学者和实践者的关注。文化有多种理解，包含多样性内涵。著名学者亨廷顿等指出，文化是“一个社会中的价值观、态度、信念、取向以及人们普遍持有的见解”①。这是从纯主观的角度理解文化，将文化定义为一种观念现象。这意味着，文化是一种群体认知和规范，其形成需要经历缓慢的过程，而一旦成形则不易改变。我们有时会发现，一个社会发生了翻天覆地的变化，而其文化依然表现出强大的生命力。学者关注文化如何影响人类进步，以及人类如何通过变革来改善文化，文化成为人类安身立命的场域，更是不同时代的人类进行对话的通道。文化和人类文明之间的双向关系被持续讨论，文化是人类文明的基础，人类文明以文化形式传承。实践者在推进人类经济社会变革时，常常发现文化传统根深蒂固，很多时候因为与文化不契合而使得创新失败和理想蓝图落空。当然，当改革符合文化传统时，则很容易取得预期效果。这也使得实践者将文化现象及其变革纳入改革自觉，并有意识地进行文化建构。

从文化理论看，接诉即办改革之所以取得成功，其关键在于它通过摒弃传统行政的官僚文化，继承中国的优秀文化，坚守中国共产党的建党精神，适应信息技术变革的时代，形成了符合超大城市运行特点和规律的治理文化。要对治理文化进行研究，并将之与接诉即办改革联系起来，首先需要对其进行定义和分类。阿伦・威尔达夫斯基等指出，文化既是价值、信仰、规范、理性化、符号、意识形态等心智产品，也是人类生活方式，既包括人际关系，又包括他们的态度②。

① 塞缪尔・亨廷顿，劳伦斯・哈里森．文化的重要作用：价值观如何影响人类进步 [M]. 程克雄，译．北京：新华出版社，2010：9.

② Thompson M, Ellis R, Wildavsky A. Cultural theory[M]. New York, NY: Routledge, 2018.

很显然，人们对于人际关系的理解和认知会受到其自身文化观念的影响，人际关系和文化观念结合成人类的生活方式。由于不同的人以不同方式来处理人际关系，并且会根据其生活实践形成差异化态度和认知，这意味着人类会面临着多样性文化的选择。美国学者玛丽・道格拉斯从群体性和规范性两个维度出发，提出了格 / 群（grid-group）的文化分类框架，将文化划分为等级文化、个人文化、平等文化和宿命文化。这里的群体维度主要是强调个人在多大程度上属于一个有边界的团体，而规范维度则主张个人在何种程度上受到外在规范约束。阿伦・威尔达夫斯基等学者在玛丽・道格拉斯的研究基础之上，提出当个人不受到强制或者社会介入影响时可以形成一种隐士文化（hermit），这样就可以形成等级文化、个人文化、平等文化、宿命文化和隐士文化等五种文化，这五种文化也代表了人类的五种生活方式。应该说，这些文化分类为我们讨论接诉即办改革的治理文化提供了理论基础。

从文化作为生活方式的角度看，治理文化是一种治理方式，它是人类对于治理的价值、态度、信仰、观点、理性化、符号等。因此，对于治理文化的分类，除了需要考虑一般文化类型之外，还需要考虑治理本身的特点。事实上，治理文化是对治理方式的规范与约束，离开了治理方式讨论治理文化则是空中楼阁。为此，我们可以结合文化理论和接诉即办的改革实践，从治理目标、治理主体、治理过程、治理对象和治理环境等方面将接诉即办的治理文化总结为十个方面，即：（1）民本平等文化；（2）公仆谦卑文化；（3）实干兴邦文化；（4）赛马竞争文化；（5）协同共生文化；（6）制度渐成文化；（7）革故鼎新文化；（8）未雨绸缪文化；（9）群众自治文化；（10）不负人民文化（见表 4-1）。很显然，接诉即办的治理文化是对多种文化的创造性转化，并且正在形成具有自身标识的独立文化。

表 4-1　接诉即办的治理文化

治理方式的构成要素	治理文化的主要类型
治理目标	（1）民本平等文化；（10）不负人民文化
治理主体	（2）公仆谦卑文化；（4）赛马竞争文化；（5）协同共生文化
治理过程	（3）实干兴邦文化；（6）制度渐成文化；（7）革故鼎新文化
治理对象	（9）群众自治文化
治理环境	（8）未雨绸缪文化

二、接诉即办的民本平等文化

民惟邦本，本固邦宁。这是中国的民本政治文化，也是中国古代政治的最高追求目标。它强调政治要将人民放在心上，把人民利益处理好，政治就会清明。人民和执政者的关系常常被比喻为水和舟的关系，水能载舟，亦能覆舟。中国共产党继承了古人执政的民政文化，并进行了创造性转化，形成了“以民为本，执政为民”的治国理念，发展成为以人民为中心的思想。无论是强调为人民服务，还是提出让人民生活幸福是“国之大者”，以及强调民生和“我为群众办实事”，都是民本文化的体现。在强调民本文化的同时，党和国家也非常重视平等文化，特别注重避免特权思想，认真对待每一个民众的诉求。《论语》记载了孔子的平等思想，“丘也闻有国有家者，不患寡而患不均，不患贫而患不安。盖均无贫，和无寡，安无倾”。这也使得平等主义成为文化理论的一个重要流派，与之相关的讨论包括公平、正义、公正等价值。中国共产党在治理国家的过程中，除了突出民本文化之外，也非常重视平等。无论是早先主张的“效率优先，兼顾公平”，还是推行公共服务均等化，以及当前将共同富裕作为战略主张，都是平等文化对于治理影响的体现。因此，民本平等文化是中国治理文化的重要组成部分，它是对治理目标的价值判断。

接诉即办改革始于市民诉求，终于问题解决和人民满意，蕴含民本平等文化。从某种程度上看，接诉即办就是按照民本平等文化进行治理改革的实践，鲜明的文化和价值追求是行动的指南。民本平等文化不是抽象的，而是具体的，它需要在回应具体民众诉求中体现文化的规范意义。接诉即办改革通过高位推动，重新激活 12345 市民服务热线，严格落实诉求受理、高效办理和及时回应等环节，形成了政府行为和民众诉求之间有效连接的桥梁和纽带。与其他改革相比，接诉即办只有进行时，没有完成时，民本文化需要持续遵守。除了将民本文化作为行为规范之外，接诉即办还认真对待每一个北京市民的诉求，体现出平等思想。在西方国家，也存在 311 等非紧急救助热线，很多研究表明政府并不能够公平回应每一位市民的诉求，通常富裕地区居民以及白人等群体的诉求能够得到更好的回应；相反，社会中最需要被回应的弱势群体和少数族裔群体的诉求往往被有意忽略。为此，在西方学者对非紧急热线的研究中，公平和正义是一个重要主题。北京市在推行接诉即办改革时，真正做到了贯彻平等文化，对所有诉求者都同等对待，没有任何歧视。事实上，很多市民的不合理诉求以及反复提出诉求也并没有受到限制，政府只是强调通过批评教育、说服等手段引导民众合理使用公共资源。

三、接诉即办的公仆谦卑文化

唐代文学家柳宗元指出：“凡吏于土者，若知其职乎？盖民之役，非以役民而已也。”这是古人对“人民公仆”的论述，也是古人对于官民关系的构想，公仆文化成为中国政治和治理文化的重要组成部分。要真正做好人民公仆，就需要保持谦虚谨慎的态度，治理还需要有谦卑文化。老子指出：“持而盈之，不如其已。揣而锐之，不可长保。金玉满堂，莫之能守。富贵而骄，自遗其咎。功成身退，天之道也。”将这一思想借鉴到治理上，便可知，执政者只有保持谦卑态度，才能够少犯错误，实现以民为本。公仆和谦卑之间具有内在联系，两者相结合有利于形成独特的治理文化。中国共产党将公仆谦卑文化进一步发扬光大，赋予其时代内涵，并且将理念转化为行动。人民公仆是对执政者的价值要求，它要求政府官员厘清官民之间的关系，摆正自身位置，避免“脸难看、门难进、事难办”。1949 年，西柏坡会议召开，毛泽东提出了进京赶考的重要论断，并且强调“务必使同志们继续地保持谦虚、谨慎、不骄、不躁的作风，务必使同志们继续地保持艰苦奋斗的作风”（“两个务必”），这是对谦卑文化的具体阐述。公仆谦卑文化要求政府官员甘当小学生，多向群众学习，尊重群众的首创精神，避免对群众趾高气扬、不可一世和自以为是。公仆谦卑文化改变了政府官员和民众之间的等级文化，从民众服从政府权威向政府对民众负责转变，使得掌握权力的人要向没有权力的人服务，避免权力授予的“浮士德交易”，实现了权力再平衡。

接诉即办改革无论是主动接受市民诉求，还是及时与市民沟通，在与市民协商中推进问题解决，都体现了公仆谦卑文化。北京市委市政府开启接诉即办改革，其本身就是激活人民主人翁意识和回归公仆文化的表现。接诉即办改革使得问题发现权从政府转移到民众手中，政府是否积极主动解决问题、问题是否得到解决、解决效果如何，这些都由民众来进行评判。为了固化民众的主体地位，培育官员的公仆意识，北京市将“响应率、解决率和满意率”等“三率”指标作为衡量接诉即办绩效的主要依据，将公仆文化从理念转化为制度形成支撑。事实上，无论是及时回应市民诉求，还是与市民一道推进问题解决，抑或是要得到市民真正认可，都需要保持谦卑。北京市各级政府和官员在办理市民诉求和推动问题解决的过程中，开始学习倾听民意、吸纳民意、与群众协商，这改变了过去政府和官员高高在上的“悬浮”状态，通过回归谦卑文化使他们变得更接地气。各级政府和官员的公仆谦卑意识也得到了民众的有效回应：一方面，解决率和满意率持续提升；另一方面，满意率通常会高于解决率。接诉即办改革使得公仆谦卑治理文化得以形成，这种文化不仅有利于诉求办理，还有利于政府干好其他方面的工作，真正把老百姓的事情和利益放在心上，体现以人民为中心的发展思想。

四、接诉即办的实干兴邦文化

“博学之，审问之，慎思之，明辨之，笃行之。”中国一直有实干兴邦的传统，强调认知和理论要转化为行动，行动既是为了践行理论，又是为了解决问题。实干兴邦文化是对中国传统文化“修身齐家治国平天下”的具体化，通过行动来改善国家治理，提升民众福祉，这也构成了中国古代重要的治国理政思想资源。孔子指出：“听其言而观其行”“君子欲讷于言而敏于行”。这意味着，仅仅有言辞和承诺是不够的，关键看话语是否转化为行动。中国人对于实干和问题解决的重视，在明代理学家王阳明这里达到了新高度，他强调“知行合一”，知行成为问题解决的一体两面。美国学者杜威提出实用主义哲学，认为真理的价值在于是否有用。社会学研究者提出问题解决型社会学，强调解决问题是社会学的价值取向。公共管理学研究者提出行动理论，认为理论只有在行动中才有价值和意义，不能“谈理论”，要“用理论”，理论需要和实践相结合。中国共产党继承和发展了实干兴邦的文化传统，并将之转化为现实。实事求是就是从认识上解决实干兴邦的观念问题，而“撸起袖子加油干”则是从实践上解决实干兴邦的行动问题。“实践是检验真理的唯一标准”的提出，更是将实干和行动提升到了新的高度。

接诉即办改革之所以能够获得市民点赞，与其贯彻实干兴邦的治理文化分不开。北京市各级领导认识到接诉即办关键在“办”，是否能够解决民众的急难愁盼，是衡量和检验效果的关键。为此，北京市在推行接诉即办改革中，无论是通过市委市政府直接给街道乡镇派单，还是让市直部门参与接诉即办工作，以及在诉求办理中实现从“有一办一”到“举一反三”的转变，都是在“实干”上下功夫。与其他工作相比，接诉即办工作所面临的诉求大多存在个性化、差异性和多样性的问题与挑战，甚至有很多问题还是棘手难题，这使得每一次办理都不是轻松的事情。更为重要的是，随着接诉即办工作的深入推进，很多简单的问题都得到解决，或者说各级治理主体都能够解决容易的问题，留下来的都是历史遗留和错综复杂的难题，这些难题的解决更需要有创新智慧，有些甚至需要突破现有的规章制度，这也是接诉即办改革的内涵。要做好接诉即办工作，各级治理主体需要在治理能力上下功夫，提升办件的“手艺”，这样才能够成为办件能手。为此，进行问题解决工具箱的开发，对治理工具进行组合和优化，也成为做好接诉即办改革的关键，是进一步养成实干兴邦文化的土壤。实干兴邦的治理文化与接诉即办工作的有机结合，既会提升接诉即办工作效率，也会进一步丰富实干兴邦文化的内涵。

五、接诉即办的赛马竞争文化

近代思想家梁启超指出，“物竞天择势必至，不优则劣兮不兴则亡”。竞争既是达尔文对自然演化规律的发现和总结，也是人类社会良性运行的基础。只要资源有稀缺，就会存在竞争。市场经济最本质的特征之一便是竞争，通过竞争来提升效率。此后，学者们对竞争的功能进行了发掘，竞争的发现功能和资源配置功能被同等强调。竞争作为发现功能，意味着通过竞争可以探寻新的解决方案，生产新的知识，创造新的可能性。竞争作为资源配置功能，意味着竞争可以实现资源最优配置，达到帕累托标准。竞争也发生在不同尺度和层次之上，小到个人，中间到企业和政府，大到国家和意识形态。改革开放以来，中国取得经济增长奇迹，一个重要的原因是在经济领域引入市场竞争机制，在政治领域引入晋升锦标赛机制。市场在资源配置中的作用有目共睹，中国实现了连续40多年的经济增长。在政治领域，中国共产党的干部晋升制度也非常重视政绩在晋升中的作用，强调“德能勤绩廉”等指标，经济绩效是官员晋升和提拔的最重要标准之一。正是基于这一点，中国政府非常重视使用绩效管理系统来衡量不同治理单位的治理绩效和水平，绩效管理成为治理的重要工具。随着竞争机制在治理领域发挥作用，赛马竞争文化也成为中国治理文化的重要组成部分，开始在规范政府行为和激励官员方面产生影响。

接诉即办改革充分发挥了赛马竞争文化在治理中的重要作用，通过绩效考评来形成可比较的参照系，通过月度点评来促使各级政府奋力前行，通过干部晋升和监督来保障竞争机制发挥作用。接诉即办工作面对着民众的诉求，如果没有强有力的机制约束，政府官员就没有动力投入时间和精力。北京市委市政府为了让各级政府部门和官员在办理市民诉求中形成你追我赶的氛围，发挥赛马机制的效用，利用响应率、解决率和满意率等“三率”指标来衡量诉求办理效果，通过设定指标体系和权重来加总形成可以横向和纵向比较的绩效得分，这为赛马竞争提供了信号。接诉即办改革是为了推动治理重心下移，也是为了督促市级部门关注基层问题，分别针对街道乡镇、区级政府和市直部门等进行绩效考核，每个月得出一个可以衡量和比较的分数，分数越高表明诉求办理质量和效果越好。为了让各级政府重视接诉即办工作，北京市委每月召开月度点评会，向社会公布接诉即办工作前10名、后10名、环比进步前10名、诉求量前10名等四项指标，形成一种舆论压力。通过4年多的持续排名和点评，赛马竞争文化已经深入人心，持续为接诉即办改革提供内生动力。为了让排名和点评发挥作用，北京市委将干部晋升和纪委监督与接诉即办工作相结合，这为赛马竞争文化的规范作用提供了强力支撑。当然，文化的魅力在于其自觉性、规范性和习惯性，我们相信随着接诉即办工作的持续展开，赛马竞争文化会成为首都北京治理文化的新名片，它不仅会推动诉求办理，还会提升整体效率。

六、接诉即办的协同共生文化

老子有云："万物负阴而抱阳，冲气以为和。"这是老子对天地万物和宇宙真理的看法，它通过阴阳的运行来理解规律。在处理人与人之间的关系时，孔子强调："君子和而不同，小人同而不和。"这意味着，除了竞争之外，中国古代也非常重视和合，认为"礼之用，和为贵"，通过和合来调整人与人、人与社会、人与国家、人与自然、国家与国家之间的关系，最终实现天下大同的理想目标。哈肯对协同的界定主要是指：系统的各部分之间相互协作，使整个系统形成微观个体层次所不存在的新的结构和特征。哈肯的协同论认为：世界万物都普遍存在有序、无序现象；在特定情景下，有序与无序能互相转化；无序就是混沌，有序就是协同。马古利斯认为，"生命并不通过战斗，而是通过协作占据整个全球的"，她提出了不同于达尔文"优胜劣汰"进化论的另一种进化论观点，认为：共生是自然进化的机理，通过共生，世界才可以保持事物的多样性；通过多样性的个体之间复杂多维的交互协同作用，不断创生新特种，世界才得以不断发展与进化。

接诉即办改革在很多方面都体现了协同共生文化，这种治理文化为诉求办理、问题解决和治理发展提供了解决方案。市民诉求以个人需求和感觉为基础，政府职责以分工为基础，这使得二者之间不一定存在一一对应关系。这意味着，北京市委可以将职责明确的事项直接分配给街道乡镇、区级政府、市直部门，实现问题解决与治理单位的有效匹配。然而，很多诉求事项和问题解决涉及不同层级政府和不同管辖部门，需要多部门和多层级政府共同行动。为此，协同共生文化对于做好接诉即办工作非常重要，它本质上是制度性集体行动。接诉即办改革在推进跨领域协同、跨部门协同、跨层级协同等方面进行了一系列探索，并且形成了一些行之有效的举措。当前，接诉即办改革在促进部门、地域、行业和层级协同方面，形成了机制协同、平台协同和议题协同等做法，对于提升诉求办理质量产生了较好效果。“吹哨报到”改革是机制协同的典型，它通过赋予街道和乡镇“吹哨权”，促进了条块融合，解决了“看得见的管不着，管得着的看不见”的问题。“热线+网格”的平台协同使得区级政府在市民诉求和网格管理方面进行了有机融合，有利于形成被动发现与主动发现相结合的合力，这也使得很多区政府负责接诉即办和“网格管理”的机构成为一个平台型组织，通过平台型组织形成治理合力。而“每月一题”改革的推出则是在议题协同方面进行了探索，围绕着重点议题，将主责部门和配合部门的治理力量进行有机结合，推动复杂性、系统性和规模性治理难题有效解决。

七、接诉即办的制度渐成文化

孟子曰：“离娄之明，公输子之巧，不以规矩，不能成方圆。”规矩、规则和制度文化是中国文化的重要组成部分，也是古代中国治理国家的思想基础。在古代，国家非常重视礼法，需要依礼而治,《礼记·乐记》指出：“天高地下，万物散殊，而礼制行矣。”随后，法家进一步提出了“缘法而治”的思想，将规则和制度上升到法律层面，要求“不别亲疏，不殊贵贱，一断于法”。这种对礼制、规则、制度和法律等的强调，形成了中国独特的法律和制度文化。西方学者也非常重视制度对于治理的作用，制度文化是治理文化的重要组成部分。这里所强调的制度渐成文化是指制度并非一蹴而就，而是逐步演化和发展的，制度本身有一个动态调整和适应的过程。对于制度而言，存在两种类型：一种是生成型制度，一种是管制型制度。生成型制度主要是指制度会创造一些权利义务关系，这是制度性事实的基础。例如，教授评聘制度就是生成型制度，根据这一制度使得“教授身份”得以产生。管制型制度则是对应该、允许或禁止行为的规定，它为行为提供激励与约束，通过规范行为实现秩序构造的目的。中国共产党非常重视制度渐成文化在治国理政中的作用，“四个自信”中就包含“制度自信”，党的十九届四中全会专门针对制度与治理进行讨论，而制度的成熟与定型是中国特色社会主义现代化国家建设的重要目标。此外，“依法治国”也成为中国治国理政的重大战略之一，要求有法可依、有法必依、执法必严、违法必究。无论是法律还是制度，都需要随着环境变化而调整，这也是制度渐成文化的核心观点。

接诉即办改革非常重视遵循制度渐成文化的理念，在推进改革时，重视制度建设，实现改革与制度建设的协同推进。2018 年以来，北京市先后发布了《对〈市民热线反映〉通报问题“接诉即办”的工作方案（试行）》（2018 年）、《关于优化提升市民服务热线反映问题“接诉即办”工作的实施方案》（2019 年）、《中共北京市委 北京市人民政府关于进一步深化“接诉即办”改革工作的意见》（2020 年）、《关于推动主动治理未诉先办的指导意见》（2021 年）等文件，并且于 2021 年 9 月 24 日正式通过《北京市接诉即办工作条例》，这也标志着接诉即办改革的制度建设取得重大进展。此外，北京市在推行接诉即办改革过程中，还针对一些重要环节和关键领域出台了一系列制度，如《新型冠状病毒感染肺炎疫情防控“接诉即办”考评暂行办法》（2020 年）、《调整完善“接诉即办”考评工作办法》（2021 年）等，使得各项工作都有规可依，也为接诉即办改革可持续性奠定了基础。正是在这个意义上，《北京市接诉即办工作条例》被称为“制度保障法”。从接诉即办改革的制度体系演进看，它遵循了制度渐成文化的理念。一方面，并非一开始就有制度，而是根据实践需要来制定制度；另一方面，制度成形之后，也不是一成不变，而是根据环境变化不断进行调整。可以预期，只要接诉即办改革实践不断深入，制度就会存在不适应或过时的问题，就需要根据新信号进行调整和完善，这也是制度渐成文化的内涵所在。

八、接诉即办的革故鼎新文化

“周虽旧邦，其命维新。”革故鼎新是中国传统治理文化的重要组成部分，它强调通过变革和创新来适应环境。商鞅变法是中国古代最成功的革故鼎新实践之一，秦国通过变法为统一六国奠定坚实基础，其后的秦朝所开创的秦制也对中国治理产生了广泛而深远的影响。革故鼎新成为历朝历代应对危机、改善治理的重要选项，并逐步演化成为一种治理文化。在中国历史上，比较有名的变法还包括王安石变法、张居正变法等，有些变法成功了，有些变法失败了，无论是成功还是失败都使得革故鼎新文化成为中国古代治理文化的关键构成要素。革故鼎新文化在西方政府改革中也受到推崇，政府改革成为推进公共管理学科发展的实践来源，如里根和撒切尔夫人的改革推动了新公共管理运动。革故鼎新既包括利用别人的经验和做法来推进改革，也包括尝试全新的改革举措来进行改革，总之，它意味着利用新思想、新观点、新模式、新手段来代替传统做法，本质上是对利益关系和治理模式的变革。革故鼎新文化是中国共产党治国理政文化中的重要组成部分，全面深化改革就是其表现形式。全面深化改革正成为新时代治国理政的重大战略布局，通过各个领域改革来破除阻碍发展的体制机制障碍，实现高质量发展。党的十九届六中全会对于党的百年奋斗经验的总结中，有两条涉及革故鼎新文化，即坚持理论创新和坚持开拓创新。

接诉即办将革故鼎新文化贯穿于整个工作的所有时间、所有领域和所有环节，改革创新成为其鲜明特色。接诉即办工作的启动本身就是改革创新的产物，它并非从头开始，而是对 12345 市民服务热线电话进行改造，通过实现热线归集、统一受理诉求、直接派单到街道乡镇、加强考核等举措，使得传统治理手段焕发新的力量。通过接诉即办改革，市委市政府找到了与民众之间进行良性互动的新机制，并且形成以诉求驱动超大城市的治理变革。事实上，接诉即办改革工作没有止步，而是随着该项工作的深入推进，加大了改革的力度。其中比较典型的代表性事件有两个：一个是在北京市委深改委下成立接诉即办改革专项小组，从事整个改革工作的顶层设计、统筹推进和系统谋划；另一个是随着接诉即办工作的深入推进，通过“每月一题”机制来倒逼市级部门进行改革创新以解决历史遗留问题。在“每月一题”机制中，北京市规划自然资源委有关房产证办理的改革最具有代表性，通过确定“尊重历史、无错优先、违法必究”原则，进行一系列改革和政策创新，目前已经解决了 21.9 万套住房的问题。北京市在出台《北京市接诉即办工作条例》时，除了将改革成果以法律形式固化之外，还体现了要为未来改革预留空间，这正是“改革深化法”的内涵。

九、接诉即办的未雨绸缪文化

老子有云：“为之于未有，治之于未乱。”未雨绸缪文化是中国治理文化的精髓，也是最具有前瞻性的治理文化。未雨绸缪文化道法自然，通过掌握事情发展规律来提前采取行为。中医也表达了类似观点，《黄帝内经》中的“上医、中医、下医”就讲了未雨绸缪文化的重要性。这意味着中医也强调预防，在身体刚刚出现不好苗头时及时采取措施，避免出现更大毛病之后才进行治疗。《左传·襄公十一年》指出“《书》曰：‘居安思危。’思则有备，有备无患。敢以此规”，可以说这是中国较早的应急管理和预警思维。对此，“居安思危”“未雨绸缪”“常备不懈”“防患未然”“防微杜渐”等也表达了类似的意思，都是强调治理主体需要根据事物运行规律提前采取行动，这样才能真正实现无为而治。未雨绸缪文化在不确定性、复杂性社会显得尤其重要，只有这样才能够应对“灰犀牛”“黑天鹅”等各种风险事件。事实上，未雨绸缪文化与生态学理论中所强调的稳健性、适应性和韧性具有内在逻辑一致性，要实现生态系统的可持续发展，就需要具备未雨绸缪的能力。因此，如何通过具体举措实现未雨绸缪，是当代公共管理的重大课题，也是公共管理实践所面临的重大挑战。中国共产党在治国理政中也很重视未雨绸缪，无论是底线思维，还是风险意识，抑或是中长期规划，其实都是未雨绸缪文化的体现。

接诉即办改革最能体现未雨绸缪文化的举措是在诉求办理之后为了减少诉求数量而推行“主动治理、未诉先办”，以政府提前发现问题和解决苗头性问题代替市民诉求，从事后被动治理向事前前瞻治理转变。接诉即办改革的深入推进，面临的一个重要问题是市民诉求数量和政府治理能力之间的矛盾，这可能为市民诉求受理带来不便。随着更多市民提出诉求，诉求受理作为一种公共资源本身可能面临着“公地悲剧”，即每天市民诉求数量存在上限，当市民诉求数量大于极限时，就会使得市民诉求拥挤，很多市民不能够高效、快捷地反映自身诉求，更不用说实现诉求办理。同样，诉求办理也会受到治理资源和治理能力限制，存在一个最大诉求办理极限问题。尤其是当一些市民恶意使用诉求资源时，更会使得问题雪上加霜。对此，要推动接诉即办改革的可持续化，就需要在未雨绸缪上下功夫。因此，北京市委将接诉即办改革的重点从诉求办理转向“主动治理、未诉先办”，通过“冬病夏治”、诉求集中类领域和街道整治、加大主动发现问题力度等，来减少诉求总量，真正从源头上解决问题。未雨绸缪文化正在被更多的基层工作者所接受，成为他们的治理习惯，这也使得他们更加重视加强与群众主动联系，通过深入群众来推动包括诉求办理等在内的各项工作。

十、接诉即办的群众自治文化

“皇权不下县”，这是中国古代对于乡村自治的高度概括，也是传统中国自治文化的实践来源。著名学者秦晖将“皇权不下县”进一步概括为“国权不下县，县下惟宗族，宗族皆自治，自治靠伦理，伦理靠乡绅”，指出了乡村自治的主体和内在逻辑。群众自治文化或者乡村自治文化是传统中国治理文化的又一个重要组成部分，它强调民众需要对自身面临的公共事务进行自主治理。费孝通将这种乡村自治与中国政治联系起来，提出了“双轨政治”的概念，他认为中国政治和治理的成功在于政治上有上通下达、来往自如的两条平行的轨道。自上而下的政治轨道体现为中央集权，以皇权为中心，外层为中央到地方的官僚体系，皇权不下县。自下而上的政治轨道体现为基层自治的民主轨道，由地方士绅等精英治理。乡村自治文化的形成既是由中国治理规模决定的，又是由治理知识的地方性决定的。在一个超大规模的国家，要实现有效治理，仅仅依靠行政体系来进行治理肯定是不够的，会面临着治理成本的挑战。与此同时，任何治理都会涉及应对地方知识的难题，这就使得自主治理成为重要选择。乡村自治文化逐步演化为中国共产党推行的群众自治文化，它强调共建共治共享，在农村推行村民自治，在城市推行社区自治，这也与党的群众路线具有内在契合性，更是践行人民主权的有效形式。

接诉即办改革非常重视群众自治文化在诉求办理中的重要作用，通过引导群众自己解决他们所面临的难题和问题，为诉求办理的可持续性开辟新路径。接诉即办工作中的群众自治体现在多个方面，包括引入社会组织、社区等参与诉求办理，也包括引导民众来处理自身的诉求，还包括对不合理诉求的说服工作。与市民诉求的复杂性和多样性难题相比，任何国家的治理资源都会存在短缺问题，这就要求对一些属于市民自治范畴以及市民办理效率更高的事项推行居民自治。在北京市推行接诉即办工作过程中，民众通过诉求与政府建立联系，理解公共事务治理的逻辑，很多市民从单纯的诉求提出者逐步转变为诉求办理的合作生产者，并且进一步发展成为社区公共事务参与者，形成了社区公共事务治理的良性循环。从这个意义上看，接诉即办工作成为培育群众自治文化的试验场，群众通过诉求办理学习自我监督、自我服务、自我管理等自治技艺。在房山区的一些小区，很多居民开始尝试“不诉自办”，通过自身力量来供给公共服务，推动问题解决，实现自主治理。可以预期，随着政府职责边界越来越清晰，群众自治发挥作用的领域也会扩大，共建共治共享的社会治理格局才可能形成。一旦群众自治文化在接诉即办工作中生根发芽，其内生动力就会不断产生，可持续性问题会迎来另外一种解决路径。

十一、接诉即办的不负人民文化

曾子曰：“士不可以不弘毅，任重而道远。仁以为己任，不亦重乎？死而后已，不亦远乎？”这意味着，中国古人很早就认识到个人责任和使命的重要性，责任重于泰山。当然，对于政治责任、行政责任、法律责任和道义责任而言，所有责任都是双向的，既有国家和执政者对人民的责任，也有人民对国家的责任，而对人民的责任则是最大责任。老子有云：“受国之垢，是谓社稷主；受国不祥，是为天下王。”这是对执政者责任的强调。“天下兴亡，匹夫有责”，这是强调个人对国家的责任。责任文化成为行政伦理学的重要组成部分，政府责任也是现代治理的构成要件。中国共产党在治国理政实践中进一步强调责任对于治理的价值和意义，并形成了不负人民文化。2019 年 3 月 22 日，习近平总书记在面对意大利众议长菲科有关“您当选中国国家主席的时候，是一种什么样的心情”的提问时，回答道：“这么大一个国家，责任非常重、工作非常艰巨。我将无我，不负人民。我愿意做到一个‘无我’的状态，为中国的发展奉献自己。”由此可见，对于人民的责任构成了中国共产党最大的责任，这也是“人民对美好生活向往就是我们的奋斗目标”的内涵所在。正是因为有了对人民的责任，才会有人民至上、人民立场、人民中心、为民服务、人民公仆等其他一系列价值主张，人民责任具有基础性、根本性和源头性作用。

接诉即办改革展现了不负人民的治理文化，它要求各级治理主体主动担当，以对人民负责的态度和精神，及时回应市民诉求，推动问题解决。与其他改革相比，接诉即办改革是主动承担责任，主动回应市民诉求，直接让各级政府和部门深入一线和基层，通过倾听民众呼声回应民众需求来解决民生难题。在接诉即办改革推动以前，一些官员不会和人民打交道，害怕接触群众，更谈不上不负人民的责任意识形成。尽管接诉即办改革是自上而下地推动各级治理主体向人民负责，这仍然为不负人民文化在超大城市治理中发挥作用创造了条件。从接诉即办的诉求办理数据来看，有 40% 左右的诉求在街道乡镇层面解决，30% 左右的诉求在区级层面解决，30% 左右的诉求在市级层面解决，这意味着治理重心下移，各级治理主体都开始直接对人民负责。更为重要的是，随着接诉即办改革的深入，各级治理主体在被动承担自上而下赋予的对人民责任的同时，开始积极主动地自下而上地对人民负责，形成了对人民负责的直接机制，这也是不负人民文化内生化的过程。可以预期，一旦不负人民文化成为一种治理习惯，各级治理主体将会开展“对人民负责”的竞争，真正实现“人民城市人民建，人民城市为人民”的理想蓝图。

第五章

接诉即办的治理效果

2019年，北京市开始以12345市民服务热线为主渠道，推进接诉即办改革，实现民有所呼、我有所应。经过4年多运行，接诉即办改革体制机制日见成效、日趋成形，以“小切口”撬动超大城市治理变革的效应凸显。为了厘清接诉即办改革的内在逻辑，诊断接诉即办改革存在的问题和挑战，进一步深化接诉即办改革，形成可复制、可推广的经验，我们需要全面、系统、深入和客观地评价北京市接诉即办改革4年多的成效。

基于优化和提升接诉即办运行系统的考虑，结合斯塔弗尔比姆和科兰提出的项目和政策评估CIPP模型①，该模型强调情景评估（context evaluation）、投入评估（input evaluation）、过程评估（process evaluation）和结果评估（product evaluation），我们对接诉即办改革的治理情景、治理投入、治理过程和治理结果进行系统评估，梳理了接诉即办改革的运行逻辑，总结了取得的成效，对面临的问题和挑战进行归纳，并提出进一步优化接诉即办改革的建议。

---

① Stufflebeam D L, Coryn C L. Evaluation theory, models, and applications (Vol. 50)[M]. Hoboken, NJ: John Wiley & Sons, 2014.

一、接诉即办改革效果评估的概念框架

对于接诉即办改革进行效果评估，首先需要选择用于评估的概念框架和理论模型。对于同一评估标的和对象，不同评估范式会关注不同方面，追求不同目的，使用不同的理论模型，得出完全不同的结论。沙迪什和库克等学者对项目评估的理论基础进行了讨论，他们将项目评估理论演进过程概括为三个阶段：（1）探索社会问题解决的真理，这一阶段主要是应用实验方法对项目和政策效果进行评估，科学性是第一追求；（2）强调使用和实用主义的替代路径，这一阶段主要是重视评估对于项目和政策改进的作用，实用、有效和服务决策成为主要追求目标；（3）对过去项目和政策评估路径进行整合，这一阶段主要是尝试建立综合性和整合性的评估范式，突出理论、政治和实用等不同价值追求的平衡[①]。默滕斯和威尔逊从哲学层面对项目和政策评估的范式进行了划分，提出了后实证主义范式、实用主义范式、建构主义范式和转型主义范式[②]，具体来看：（1）后实证主义范式属于方法分支，强调定量设计和数据收集；（2）实用主义范式属于使用分支，强调评估结果能够被利益相关者所使用；（3）建构主义范式属于价值分支，强调通过定性方法识别项目和政策评估中的多元价值和视角；（4）转型主义范式属于社会正义分支，强调依托混合方法对边缘群体关注和对系统权力审视从而实现社会正义。斯塔弗尔比姆和科兰对评估的路径和方法进行了评估，提出了伪评估（pseudoevaluations）、准评估（quasi-evaluation）、提升和责任取向评估（improvement-and-accountability-oriented evaluation）、社会议程和倡导评估（social agenda and advocacy evaluation）、折中评估（eclectic

① Shadish W R, Cook T D, Leviton L C. Foundations of program evaluation: theories of practice[M]. Newbury Park, CA: Sage Publications, 1991.

② Mertens D M, Wilson A T. Program evaluation theory and practice[M]. New York: Guilford Publications, 2018.

evaluation)。

综合上述评估范式、理论、路径和模型，结合对接诉即办改革4年多效果评估的目标，本章选择作为提升和责任取向的CIPP模型，评估的目的是为了改善接诉即办系统运行，促进不同主体在接诉即办系统中承担各自责任。一般认为，CIPP评估模型是一个实施形成型评估（formative evaluation）和总结型评估（summative evaluation）的综合性框架，这一框架可以对项目、计划、人事、产品、组织、评估系统进行评估，这一模型由情景评估、投入评估、过程评估和结果评估等组成。CIPP模型产生于20世纪60年代，主要是为了帮助改善和实现美国联邦政府资助的教育项目的责任制。和其他模型的发展一样，CIPP模型的产生也是源于对实验设计、目标导向、专家参与、标准绩效测试等传统评估模式的不满，突出评估服务决策，尤其是提升和改进项目与政策，促进项目和政策的责任实现。对于CIPP模型，斯塔弗尔比姆和科兰有一个明确的定义，他们指出："CIPP模型植根于评估的一般性和操作化定义、评估的主要使用、指导与判断评估的职业标准。一般而言，评估是对一个对象价值的系统性调查。操作性方面，评估是描述、获取、报告和应用有关对象价值的描述性和判断性信息的过程，这些价值由质量、价值、正直性、公平性、可行性、成本、效率、安全性和重要性等标准定义。"

对于CIPP模型而言，其重点仍然是情景评估、投入评估、过程评估和结果评估等四个方面，该模型的名称也是这四种类型评估的首字母缩写。事实上，评估本身就是一个价值判断的过程，价值是判断的基础。因此，CIPP模型在进行评估时，非常重视价值在评估中的作用，质量、价值、正直性、公平性、可行性、成本、效率、安全性和重要性等都是在评估中需要关注的价值选项。此外，CIPP模型在从事评估时，也很关注评估伦理和准则，要遵循评估职业规范中设定的实用性（utility）、可行性（feasibility）、适当性（propriety）、准确性（accuracy）

和评估责任（evaluation accountability）。根据这些内容，我们可以形成 CIPP 模型的三圈框架图，即项目和政策围绕核心价值建立，而评估主要是针对项目和政策的目标、计划、执行和结果等内容展开（见图 5-1）。从图 5-1 可以看出，项目依托核心价值产生，可以划分为目标、计划、执行和结果等四个环节，而评估则分别针对项目的四个环节形成了 CIPP 模型的四种类型评估。

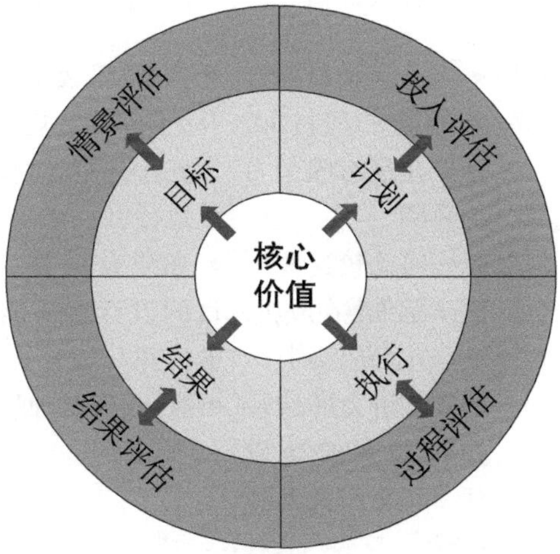

图 5-1　CIPP 评估模型的关键要素及其与项目和政策之间的关系

资料来源：Stufflebeam D L, Coryn C L. Evaluation theory, models, and applications (Vol. 50)[M]. Hoboken, NJ: John Wiley & Sons, 2014: 318.

CIPP 模型经过在评估实践中不断演化，逐渐成熟和定型，并且发展出用于在形成型评估和总结型评估中进行不同类型评估的清单（见表 5-1）。形成型评估主要发生在项目和政策产生阶段，而总结型评估则产生于项目和政策执行之后，它们按照时间顺序对评估进行分类。在情景评估中，评估者通过定义相关情景，识别目标群体的需求、问题、优点、机会和情景状态及动态演化，从而判断项目目标和优先性秩序是否能够回应需求。在投入评估中，评估者通过识别和评价替代方法，并随后评估程序计划、人员配备和预算的可行性以及在满足目标需求和实现目标方面的潜在成本效益，来协助项目规划。在过程评估中，评估者需要监测、记录、评价和报告执行情况。在结果评估中，评估者需要识别和评价成本和结果，这些成本和结果既包括意料中的，也包括非意料中的，既包括短期的，也包括长期的。

表 5-1　评估问题举例

评估角色	评估类型			
	情景评估	投入评估	过程评估	结果评估
形成型	● 在感兴趣的项目领域，什么是最高等级的需求？ ● 为了满足需求，要追求什么目标？	● 为了满足目标群体的需求和目标，什么是最有吸引力的途径？ ● 如何比较这些不同途径在潜在成功、成本方面的区别？ ● 最有潜力的途径如何被有效地设计、充实、资助和执行？	● 在多大程度上，被补助的项目在规定的预算范围内按时和有效运行？ ● 如果有需要，项目的设计如何能够被提升？ ● 执行如何被加强？	● 在多大程度上，成功的指标被观察和评价？ ● 如果有，有哪些指标显示项目是或者不是成功的？ ● 有哪些负面效应？ ● 应该如何修改执行以确保成功？
总结型	● 在多大程度上，项目领域解决了高等级的需求？ ● 在多大程度上，项目目标群体反映了目标群体需求？	● 目标实现的何种途径被选择？ ● 在成功、可行性和成本方面，被选择的策略与其他潜在的途径相比有什么不同？ ● 在多大程度上，被选择的策略被转化为完整、可行的工作计划？	● 在多大程度上，项目按计划执行，或者被修改成为一个得到提升的计划？ ● 项目在多大程度上得到良好实施？ ● 什么是项目的总成本？	● 在多大程度上，这些项目有效地解决了被评估的需求和实现目标？ ● 是否有一些非预期的负面或正面效应？ ● 针对项目的成本收益、可持续性和更一般应用，我们可以得出什么样的结论？

资料来源：Stufflebeam D L, Coryn C L. Evaluation theory, models, and applications (Vol. 50)[M]. Hoboken, NJ: John Wiley & Sons, 2014：320.

CIPP 模型是评估的社会系统途径，社会系统强调其由一系列相互联系的活动组成，这些活动在功能上是为了在一定情景中实现使命和特定目标。从这个意义上看，评估内在于社会系统中，其功能是为了优化、改进和提升社会系统。这使得 CIPP 模型认为评估不应该是一次性的活动，它应该是评估者与利益相关者反复进行交互，不断地改进项目和政策的过程。因此，CIPP 模型在从事情景评估、投入评估、过程评估和结果评估时并非孤立，不同类型评估存在有机联系（见图 5-2）。图 5-2 阐述了 CIPP 模型提升和改善社会系统的流程，其核心逻辑是通过评估对社会系统进行诊断，从而提出解决方案，评估本身是一个服务于问题解决的过程。

二、接诉即办改革的治理情景评估

根据 CIPP 模型，接诉即办改革的治理情景评估主要是对接诉即办改革所面临的需求、问题、优势、机会等进行评价，从而判断接诉即办改革的目标是否契合治理情景。需求是对接诉即办改革的紧迫性进行分析，并进一步讨论这些需求对于目标实现的价值。问题是满足和维持接诉即办目标群体需求所面临的障碍，这些障碍的克服是接诉即办改革的关键。优势是指治理主体推进接诉即办改革所拥有的资源、服务、组织和专业知识，它们是满足接诉即办目标群体需求的保障。机会是指接诉即办改革所可能调动的资源以满足目标群体需求和解决问题的积极因素。目标是整个接诉即办改革的关键，它是整个项目和计划的使命与追求。由于接诉即办改革已经运行 4 年多，我们对其进行的评估属于总结型评估范畴。按照总结型评估范畴的定位，对接诉即办改革的治理情景评估，其核心是重新讨论接诉即办改革的目标是否与情景具有契合性，这些也需要结合接诉即办改革的治理投入评估、治理过程评估和治理结果评估一并考虑。对于接诉即办改革的治理情景评估，可以采用查阅文

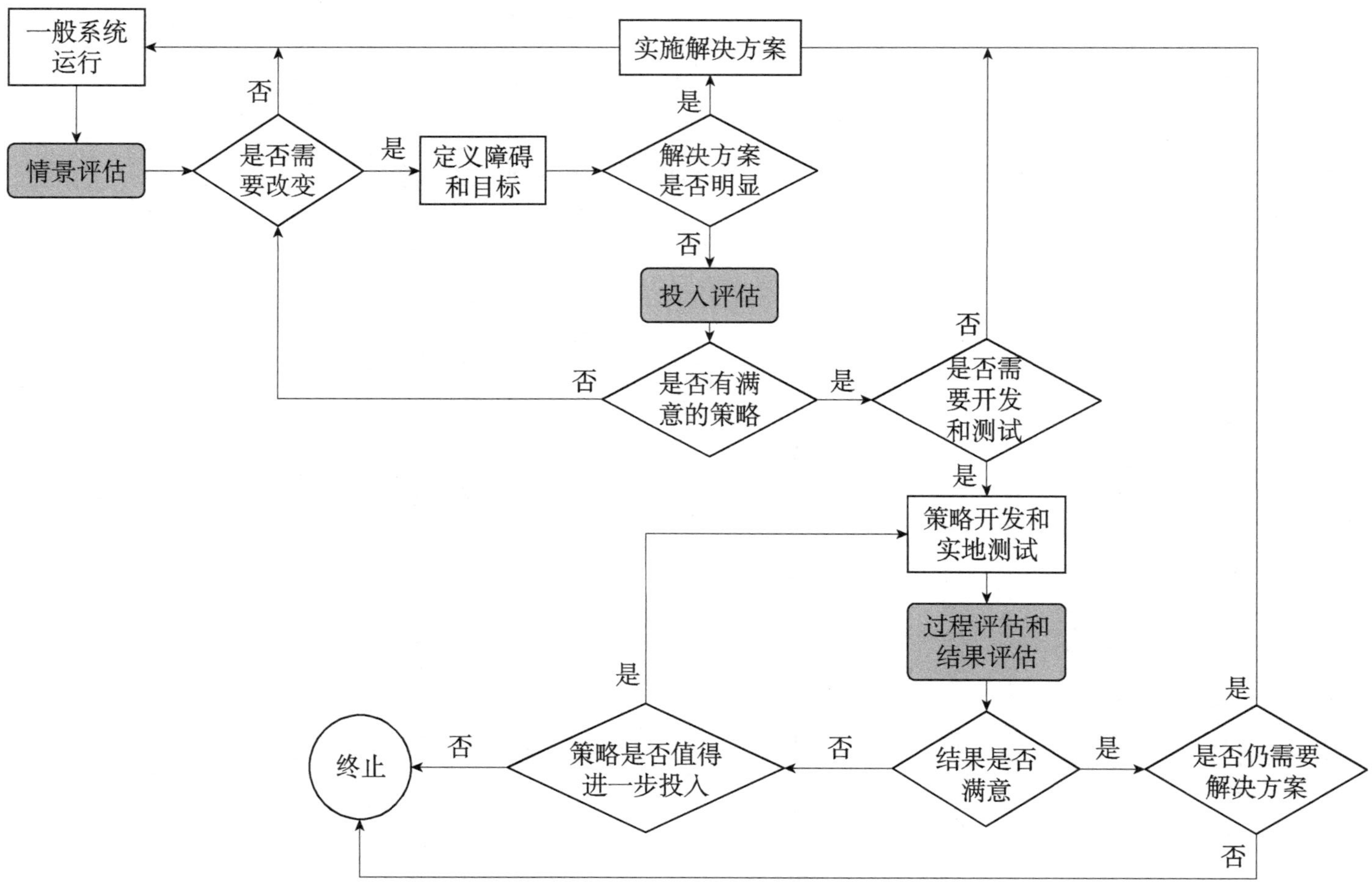

图 5-2　CIPP 模型在促进和改善社会系统中的作用

资料来源：Stufflebeam D L, Coryn C L. Evaluation theory, models, and applications (Vol. 50)[M]. Hoboken, NJ: John Wiley & Sons, 2014：333.

件、分析人口和绩效数据、举行听证和开展社群论坛、对焦点群体进行访谈、实施受益者和利益相关者调查等方式来进行。

对于接诉即办改革的治理情景评估，一个重要途径是对接诉即办改革的相关重要文件进行回顾，以厘清接诉即办改革设计者在推行改革时所要解决的问题以及实现的目标。2018 年以来，北京市针对接诉即办改革出台过四部文件和一部地方法规，即《对〈市民热线反映〉通报问题“接诉即办”的工作方案》（2018 年）、《关于优化提升市民服务热线反映问题“接诉即办”工作的实施方案》（2019 年）、《关于进一步深化“接诉即办”改革工作的意见》（2020 年）、《关于推动主动治理未诉先办的指导意见》（2021 年）和《北京市接诉即办工作条例》（2021 年）。通过对这些文件的分析，我们可以厘清接诉即办改革的需求、问题、优势、机会、目标和价值，这一分析也可以为后面的投入评估、过程评估和结果评估奠定基础（见表 5-2）。

表 5-2　北京接诉即办改革的治理情景评估

接诉即办改革治理情景评估的维度	主要内容	文件来源
需求	民有所呼，我有所应； 市民“七有”（幼有所育、学有所教、劳有所得、病有所医、老有所养、住有所居、弱有所扶）、“五性”（便利性、宜居性、多样性、公正性、安全性）需求	《对〈市民热线反映〉通报问题“接诉即办”的工作方案》（2018 年）
问题	群众家门口的操心事、烦心事、揪心事	《对〈市民热线反映〉通报问题“接诉即办”的工作方案》（2018 年）
优势	“街乡吹哨、部门报到”改革； 街道管理体制改革； 简约高效的基层管理体制； 共建共治共享的社会治理格局	《关于党建引领街乡管理体制机制创新实现“街乡吹哨、部门报到”实施方案》（2018 年）； 《关于加强新时代街道工作的意见》（2019 年）

续表

接诉即办改革治理情景评估的维度	主要内容	文件来源
机会	审议通过《"街乡吹哨、部门报到"——北京市推进党建引领基层治理体制机制创新的探索》，肯定了北京市基层治理体制机制改革经验； 推广"街乡吹哨、部门报到、接诉即办"等基层管理机制经验	2018 年 11 月 14 日，习近平总书记主持召开中央全面深化改革委员会第五次会议； 《中华人民共和国国民经济和社会发展第十四个五年规划和 2035 年远景目标纲要》
目标	市民诉求有人办、马上办、能办好； 人民群众的获得感、幸福感、安全感； 首都基层治理体系和治理能力现代化； 首都超大城市治理体系和治理能力现代化	《对〈市民热线反映〉通报问题"接诉即办"的工作方案》（2018 年）； 《关于进一步深化"接诉即办"改革工作的意见》（2020 年）； 《关于推动主动治理未诉先办的指导意见》（2021 年）
价值	以人民为中心； 为民服务； 人民至上； "人民城市人民建，人民城市为人民"	《关于进一步深化"接诉即办"改革工作的意见》（2020 年）

从表 5-2 可以看出，北京市推行接诉即办改革所遵循的价值是人民立场，突出以人民为中心，市民"七有""五性"需求是整个改革的出发点。而一旦诉求得不到快速回应和有效解决，群众就会感受到"操心事、烦心事、揪心事"，对政府治理就会不满意。北京市之所以能够有决心和信心推动接诉即办改革，与其自身一直重视超大城市治理重心下移、夯实基层基础是分不开的。从 2017 年开始，北京市在城市治理改革中，就将重点和重心放在街道和社区，先后推出了"街乡吹哨、部门报到"改革和街道管理体制改革，真正实现了对基层的下沉、赋权和增效。"街乡吹哨、部门报到"改革，使得基层治理中条块结合、各级政府和部门关注基层成为可能。街道管理体制改革则进一步明确了街道的权责，厘清了各级政府和部门之间职责关系，使得简约高效的基层治理

逐步形成。正是北京推行的一系列基层改革，使得基层能够有能力回应市民诉求，为“民有所呼，我有所应”“闻风而动，接诉即办”开创了可能性。2018 年 11 月 14 日，习近平总书记主持召开中央全面深化改革委员会第五次会议，审议通过《“街乡吹哨、部门报到”——北京市推进党建引领基层治理体制机制创新的探索》，肯定了北京市基层治理体制机制改革经验。2021 年 3 月，十三届全国人大四次会议通过《中华人民共和国国民经济和社会发展第十四个五年规划和 2035 年远景目标纲要》，明确提出要推广“街乡吹哨、部门报到、接诉即办”等基层管理机制经验，推动资源、管理、服务向街道社区下沉。这意味着，首都北京推出的超大城市基层治理改革，得到了中央的认可，也为北京市继续实施改革创新提供了外部机会。基于对这些情景的分析，北京市接诉即办改革的目标也在不断演化，从最初的“有人办、马上办、能办好”和人民群众的获得感、幸福感、安全感，到首都基层治理体系和治理能力现代化，再到首都超大城市治理体系和治理能力现代化，这些演化说明接诉即办改革被赋予的使命和价值在被不断提升。

三、接诉即办改革的治理投入评估

根据 CIPP 模型，接诉即办改革的治理投入评估主要是帮助决策者寻找解决问题、满足需求和实现目标的路径，即通过什么样的项目或政策来实现预期改变。对于 CIPP 模型的投入评估，有些项目和政策评估研究者也称之为理论评估，它主要关注项目和政策的设计逻辑，讨论手段与目标之间的链条关系。在进行治理投入评估时，需要提出不同的项目和政策路径，并且比较不同项目和政策路径之间的优势与劣势。治理投入评估可以发生在不同环节和阶段，并没有规定的顺序。由此可见，对于接诉即办改革的治理投入评估，核心问题有两个：一是寻找接诉即办改革的可能实现路径，二是明确评价不同路径的标准。而对于接诉即办改革的评价标准，则可以从对目标群体需求的回应性、对问题的回应性、潜在效益、成本、政治可行性、行政可行性等方面进行评价。由于接诉即办改革的评估属于总结型评估，这意味着我们需要从接诉即办改革文本和实践出发构造接诉即办的运行和设计逻辑。与其他改革相比，接诉即办改革的一个重要特点是其治理处在不断演进的过程中，这使得对其治理投入评估需要区分不同阶段，不同阶段所采取的设计逻辑不同。赵鼎新在对历史社会学的定义中提出，历史社会学将历史学的时间序列叙事和社会学的结构 / 机制叙事相结合而获得优化的经验叙事方法，这是历史社会学区别于其他社会科学的关键①。这样，对于接诉即办改革的治理投入评估，可以分别从发展阶段和结构 / 机制两个层面进行分析，前者讨论不同阶段的治理路径，后者则对整体运行的结构 / 机制进行分析。

对于接诉即办改革的发展阶段，有不同的分类，我们根据解决的问题取向将其划分为四个阶段："吹哨报到"、"接诉即办"、"主动治理、未诉先办"和"首都治理体系和治理能力现代化"（见表 5-3）。从这个阶段划分看，接诉即办改革起源于"吹哨报到"改革，是"吹哨报到"改革的延伸。2019 年 6 月，北京市出台《关于优化提升市民服务热线反映问题"接诉即办"工作的实施方案》，明确指出："把办好群众'身边事'的实效作为检验'吹哨报到'改革成效的重要标准。"为此，接诉即办阶段最重要的是诉求回应、诉求办理和诉求反馈，强调的是 2018 年出台的《对〈市民热线反映〉通报问题"接诉即办"的工作方案》所提出的"有人办、马上办、能办好"。2021 年出台的《关于推动主动治理未诉先办的指导意见》进一步提出："推进从'有一办一'向'举一反三'转变，从接诉即办向'主动治理、未诉先办'深化，推动首都超大城市治理体系和

① 赵鼎新．什么是历史社会学 [J]. 中国政治学，2019（2）：101-117.

治理能力现代化。”

表 5-3　基于阶段划分的接诉即办改革治理投入评估

治理阶段	治理问题
吹哨报到	条块分割问题
接诉即办	诉求回应问题
主动治理、未诉先办	被动治理问题
首都治理体系和治理能力现代化	治理体系问题

对于接诉即办改革的结构 / 机制分析，则是从截面的角度对其治理逻辑进行剖析。接诉即办改革的核心问题是如何对市民诉求进行快速回应、高效办理和及时反馈。接诉即办改革面临的最大挑战也是如何应对高效办理诉求可能导致的接诉即办悖论，即诉求办理越好，越可能导致更多诉求，进而会使得高质量诉求办理面临压力。对于接诉即办改革的运行，根据政府出台的文本以及实际改革，可以划分为领导指挥体系、信息处理体系、组织行动体系、制度保障体系和反馈应用体系等五个环节（见表 5-4）。

表 5-4　基于结构 / 机制的接诉即办改革治理投入评估

结构 / 机制	内容
领导指挥体系	顶层设计 / 组织机构 / 统筹协调
信息处理体系	诉求接受 / 诉求派单 / 诉求评价
组织行动体系	诉求办理 / 主动治理 / 未诉先办
制度保障体系	工作条例 / 考评制度 / 制度体系
反馈应用体系	月度点评 / 干部激励 / 纪律监督

接诉即办改革要取得成功，并且实现从诉求办理向首都治理体系和治理能力现代化的跨越，就需要高位推动。领导指挥体系在接诉即办

改革中处于中心和枢纽作用，它由北京市委主要领导指挥，并且在全面深化改革委员会下建立了接诉即办改革专项小组进行高位推动，具体由北京市政务服务管理局来负责操作。信息处理体系在接诉即办改革中发挥着“诉求大脑”作用，一方面需要收集来自市民的信息，另一方面需要对信息进行处理，并与治理主体进行快速匹配，它是由 12345 市民服务热线中心来完成的。因此，接诉即办改革并非从天而降，而是基于 12345 市民服务热线作为主渠道，整合其他渠道，逐步形成诉求受理的一体化平台。信息处理的效率和水平对接诉即办改革影响特别大，当前可能会面临“诉求超载”问题，即 12345 市民服务热线中心能够处理的诉求量可能低于市民诉求量。组织行动体系在接诉即办改革中发挥着关键角色作用，接诉即办关键在“办”，诉求信息被分派之后，就需要由承担公共职责的各级政府及其部门、企事业单位来具体回应市民诉求，实现高效处置，推动问题解决。制度保障体系在接诉即办改革中发挥着支撑作用，2021 年 9 月 24 日《北京市接诉即办工作条例》出台，标志着接诉即办制度化迈出坚实步伐。当前，北京市正在以落实《北京市接诉即办工作条例》为契机，建立“14+N”的制度体系。反馈应用体系在接诉即办改革中发挥着驱动作用，它是系统内部和系统与环境之间的交互。一方面，信息处理体系需要收集诉求办理绩效的信息，以实现系统与环境之间的交互。事实上，只有诉求主体对诉求办理做出正面评价，才能够形成正反馈。另一方面，领导指挥体系还需要将绩效考评结果加以使用，以实现系统内部之间的交互，同样也需要让各级治理主体认识到上级重视诉求办理质量，才能够真正激励各级治理主体回应好诉求。当前，北京市对于接诉即办改革绩效信息的使用，主要有三个方面的内容：（1）月度点评会通过“光荣榜”和“耻辱榜”来使用接诉即办改革绩效信息，以形成诉求办理的政府共识和社会共识；（2）在干部提拔中会考虑接诉即办的绩效信息；（3）纪委会对接诉即办改革进行监督。

四、接诉即办改革的治理过程评估

根据CIPP模型，接诉即办改革的治理过程评估主要是为项目人员和经理提供反馈，关注计划在多大程度上得到实施，它是对项目执行的核实，以及对相关运行过程的记录。一些项目和政策评估者也会将过程评估称为“执行评估”，关注项目和政策在实际中是如何运行的。在从事过程评估时，评估者需要将活动和支出与计划及预算进行比较，描述执行问题，评价工作人员在多大程度上解决了问题。评估者在从事过程评估时，需要准备数据收集计划和实施数据收集工作，这就要求他们监测和记录项目与政策干预的运行状态、主要支出和成本，是对从项目与政策计划到结果与影响之间的中间过程描述。从事过程评估也是实现责任的重要途径，可以帮助项目人员指导自身行为、修正错误计划和证明自身承担的责任，也可以让外部群体了解项目和政策的运行状态，从而判断项目和政策是否按照预期的目标实施。在从事过程评估时，评估者可以发展一套用于过程评估的手册，主要内容包括：评估问题、项目和活动场地描述、项目联系人及其电话、项目地点图、数据来源和相关文档、抽样计划、数据收集程序、数据收集工具、数据收集计划、日志、交流和沟通规则等。与投入评估相比，过程评估强调实际运行状态，重视项目和政策的执行。在形成型评估中，过程评估是对项目和政策执行的模拟和推演。在总结型评估中，过程评估是对项目和政策执行的监测、描述和刻画。接诉即办改革的过程评估属于总结型评估，它需要通过一些数据和指标来呈现诉求治理。

根据前面的投入评估可以看出，接诉即办改革是一项系统性变革，并且其内涵和外延不断扩大，要对其执行过程进行全面描述是一项十分繁重的工程。尽管如此，对接诉即办改革的执行过程进行粗线条描述和监测仍然是可行的。因此，对于接诉即办改革的治理过程的评估，可以重点针对诉求从受理、处置到反馈的全过程进行分析，以描述接诉即办改革具体是如何运行的（见表 5-5）。从表 5-5 可以看出，接诉即办改革可以划分为五个子过程，实现了诉求提出之后的受理、派单、办理、考评、开发等环节的闭环管理。针对每一个环节，可以提出一些指标，然后以数据方式加以呈现。接下来，我们将结合《接诉即办改革三周年——北京 12345 市民服务热线数据专项报告》（以下简称《专项报告》）的内容，以部分数据来展示接诉即办改革的治理过程评估。

表 5-5　接诉即办改革的治理过程评估

治理过程阶段划分	内容和指标
诉求受理	来源和渠道 总体数量和分布 诉求类型
诉求派单	直接派单 双重派单 异议处理
诉求办理	限时办理 吹哨报到 首接负责 协同办理
诉求考评	“三率”指标 考评类型
诉求开发	日报、周报、月报 城市体检

在诉求受理方面，从《专项报告》的数据来看，2019—2021 年，12345 市民服务热线共受理群众诉求（包括电话反映和网络反映）3 134 万件。从诉求的渠道来看，接诉即办的诉求可划分为电话端和网络端，电话反映 2 886 万件，占比为 92.1%，网络反映 248 万件，占比为 7.9%（见图 5-3）。

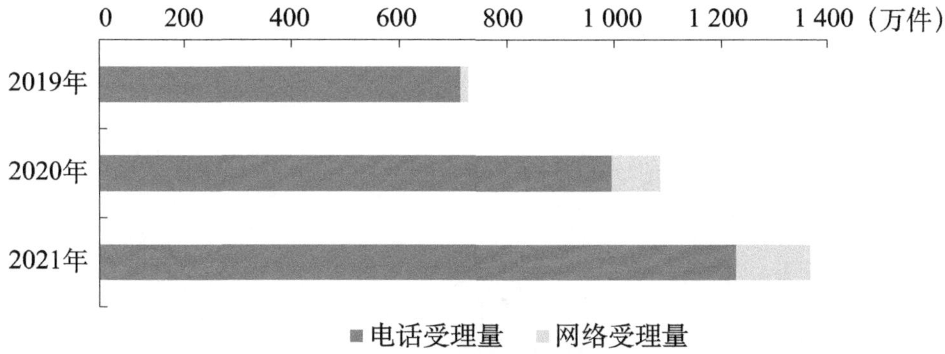

图 5-3　2019—2021 年 12345 市民服务热线不同渠道受理情况

从来电号码数量看，热线来电号码数量从 2019 年的 282 万个增长到 2020 年的 435 万个，再到 2021 年的 562 万个，三年增长了 99.3%（见图 5-4）。在诉求派单方面，2019—2021 年，诉求派单 1 301 万件，占比 41.5%，解答咨询 1 833 万件，占比 58.5%（见图 5-5）。

从诉求的问题类型来看，2019—2021 年群众来电前 10 类问题分别是疫情防控、市场管理、住房、城乡建设、交通管理、公共服务、社会秩序、卫生健康、教育、劳动和社会保障（见图 5-6）。

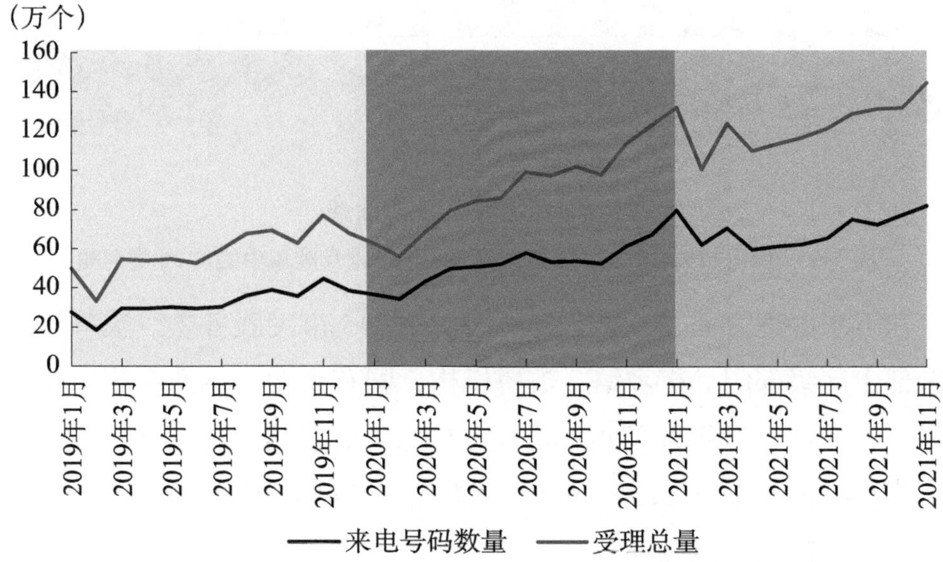

图 5-4　2019—2021 年 12345 市民服务热线来电号码数量情况

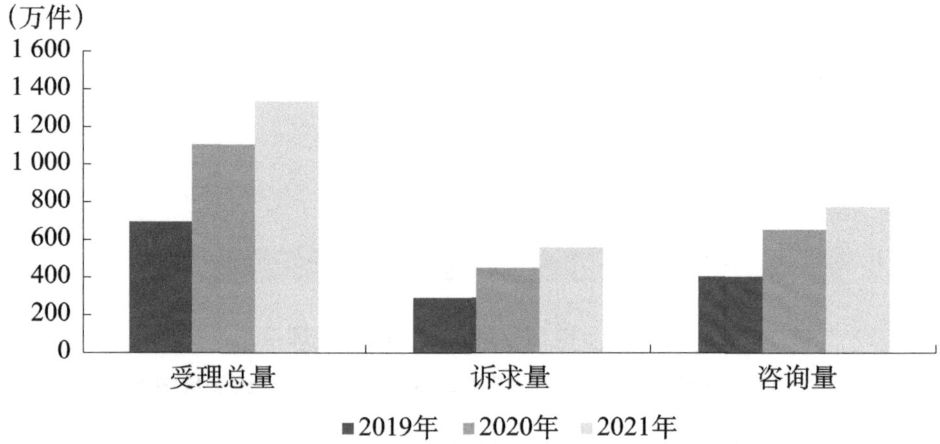

图 5-5　2019—2021 年 12345 市民服务热线受理总量变化情况

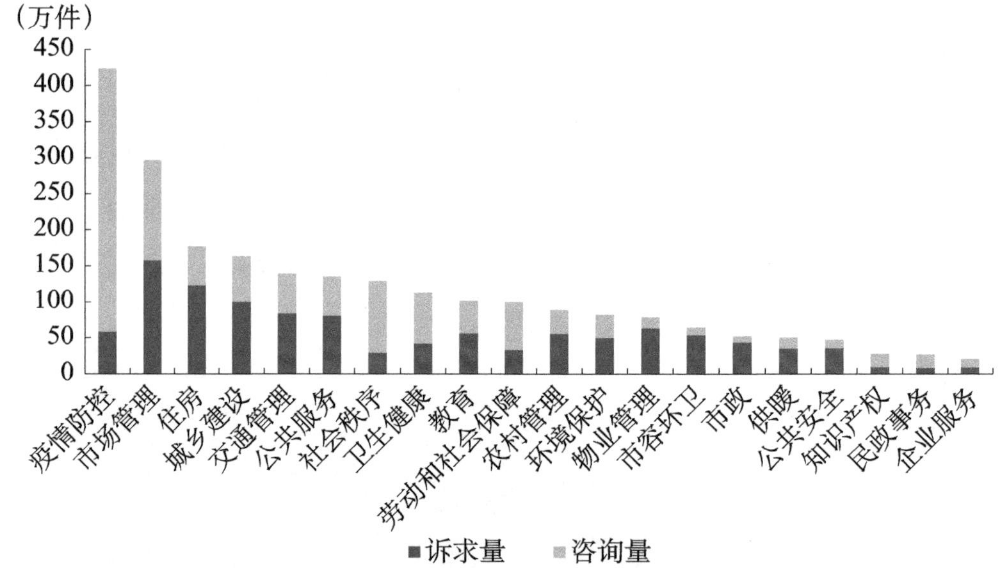

图 5-6　2019—2021 年 12345 市民服务热线群众反映集中的前 20 类问题

在诉求办理方面，2019—2021 年，12345 市民服务热线派单处理诉求全部由区级部门、街乡镇、市属机构、国有企业、电商企业等其他单位办理。其中，区级部门承办占比 37.8%，街乡镇承办占比 36.0%，市属机构承办占比 16.1%，国有企业承办占比 7.4%，电商企业等其他单位承办占比 2.7%（见图 5-7）。

在诉求考评方面，2019—2021 年，12345 市民服务热线根据响应率、解决率和满意率分别对街道、乡镇、区、市直部门、国有企业等进行排名，并公布前10名、后10名、改进前10名、诉求量前10名，除了少数月份没有公布之外，其他月份都公布了排名和成绩。

在诉求开发方面，2019—2021年，北京市坚持日报、周报和月报制度，并且进行年度“体检”，还会根据需求进行数据开发。当前，《北京市接诉即办公开工作办法》作为配套的制度体系之一，也即将公布，这一制度公布之后，诉求数据开发工作会得到进一步加强。

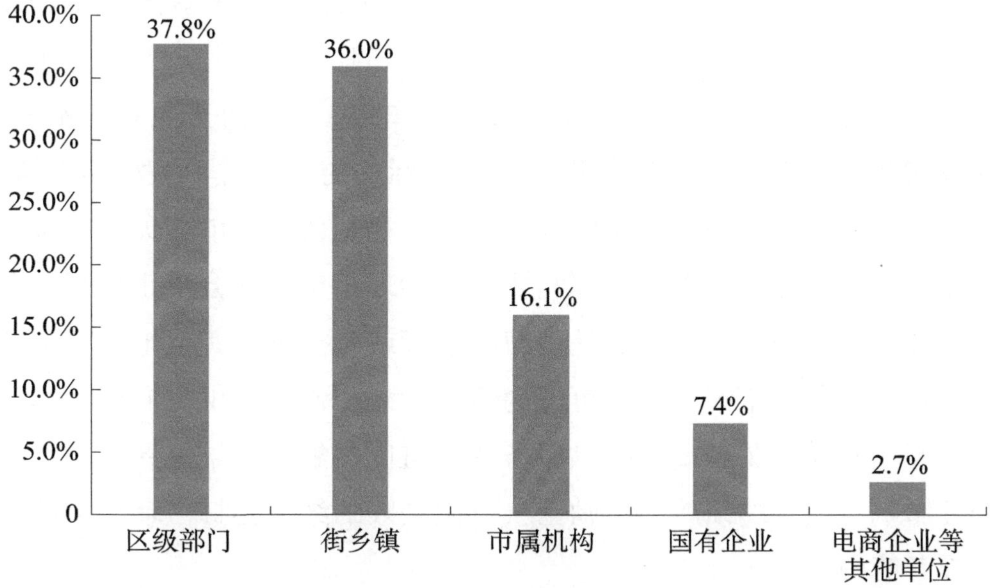

图5-7　2019—2021年12345市民服务热线诉求办理单位分布情况

五、接诉即办改革的治理结果评估

根据CIPP模型，接诉即办改革的治理结果评估就是测量、解释和判断其治理结果，其主要目的是为了衡量改革是否实现了预期效果。在实施接诉即办改革的治理结果评估时，评估者需要收集不同利益相关者对于改革的评价和判断。任何对于结果的判断，都需要寻找参照系。对于接诉即办改革的结果进行评估，可以以目标和目的作为标准，也可以以类似的改革作为标准，还可以以历史数据作为基准点。有时候对于接诉即办改革的绩效进行评估，也要超越仅仅对目标和目的的评价，需要思考意外效果，这些意外效果可能是正面的，也可能是负面的。对于接诉即办改革的治理结果评估，既可以通过听证和座谈会进行，也可以通过典型案例进行，还可以通过抽样进行。有时候，评估者对于接诉即办改革的评估，也可以采取“无目的的评估”（goal-free evaluation），即对接诉即办改革所产生的任何效应都进行评价。为了实施“无目的的评估”，评估者需要听取利益相关者的意见与建议，并且针对环境进行分析，以讨论项目和政策对于需求者产生了什么影响。“无目的的评估”对于发现项目和政策的意外效果具有价值，可以避免评估者受到项目和政策自身目标的约束。对于经济学而言，治理结果评估也会考虑结果的经济效应和福利效应，前者关注成本和收益，后者关注不同群体的福利影响。治理结果评估会决定项目、政策、计划、服务和其他事业是否值得继续或者扩展到其他地区。与此同时，项目和政策结果评估可以为修改计划和设计提供方向，并尽可能实现为利益相关者高效提供服务和促进问题解决。结果评估会产生心理影响，成功的绩效会鼓励士气，而失败的结果会打击项目和政策实施者信心。

对于接诉即办改革的治理结果评估，其核心是要收集绩效结果信息、明确目标和标准以及做出价值判断。接诉即办改革的负面效应将在下一部分中进行讨论，本部分的结果评估主要讨论正面效应，这些正面效应有些是预期目标，有些是非预期目标。结合对接诉即办改革的治理情景评估中对于目标的讨论，我们将重点讨论接诉即办改革对于诉求办理、人民满意、基层治理能力提升、干部作风改善、干群关系优化、政府协同、首都治理体系和治理能力现代化等方面的价值（见表 5-6）。

表 5-6　接诉即办改革的治理结果评估

目标	结果
诉求办理、人民满意	诉求数量上升、电话号码数量上升、“三率”提升
基层治理能力提升	街道和社区治理能力改善、各级治理主体参与基层治理、治理重心下移
干部作风改善、干群关系优化、政府协同	为民服务意识提升、应急作用明显、干群关系改善、跨部门和跨层级协调增强、优化政府职责、政民互动便利
首都治理体系和治理能力现代化	弥补治理短板、辅助决策、政策创新、制度改革、程序优化

衡量接诉即办改革的成效，首要的标准就是诉求办理情况，以及人民是否满意。从对接诉即办改革的治理过程评估来看，诉求数量和诉求电话号码数量都大幅提升，这表明接诉即办改革开始形成正反馈，得到了更多民众的认可。为了直接判断市民诉求是否得到有效办理，北京市接诉即办改革将绩效考核作为重点，并且通过引入响应率、解决率和满意率的“三率”主观评价指标来对结果进行评价。从《专项报告》提供的数据来看，民众对诉求办理的解决率、满意率稳步提升（见图 5-8）。2019 年全市诉求办理效果显著，解决率从 1 月的 53.1% 提升至 12 月的 75.0%，满意率也从 64.6% 提升至 87.3%。之后两年解决率与满意率的差距逐渐缩小，解决率稳定在 85% 左右，满意率稳定在 90% 左右。以“解决群众诉求”为导向的考评工作取得了现实效果，12345 市民服务热线获得群众普遍认可，2019—2021 年接到群众表扬电话共计 7.9 万件，从 2019 年 1 月的 952 件增长到 2021 年月均 3 000 件，增长约两倍。

衡量接诉即办改革的成效，第二个标准是超大城市治理重心是否下移，基层治理能力和水平是否夯实。北京市接诉即办改革在两个层面上实现了基层治理能力提升，打通了基层治理的“最后一公里”，形成了不同治理主体关注基层的新格局。此前，北京市推行接诉即办改革时，非常重视建设“基层治理的应急机制、服务群众的响应机制和打通抓落实‘最后一公里’的工作机制”等三个方面机制建设，基层治理能力提升是初步改革的主要设计目标。从 2019—2021 年三年的运行实际看，街道和社区等治理主体的基层治理能力确实得到极大改善。与此同时，北京市通过接诉即办改革告别了“基层只是街道、乡镇和社区的基层”的传统观点，在强化属地管理的同时，推动超大城市治理重心下移，形成各级治理主体直接到基层一线解决问题的鲜明导向。基层成为一个问题解决的场域，需要发挥合力，才能够破解难题。

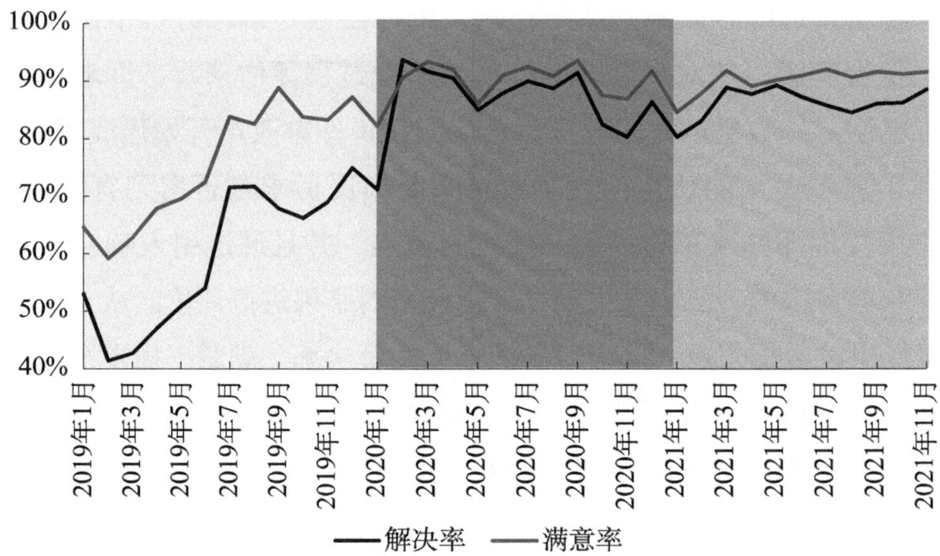

图 5-8　2019—2021 年市民诉求的解决率、满意率变化情况

衡量接诉即办改革的成效，第三个标准是政府自身改革的水平和层次。这对于接诉即办改革而言，开始属于意外效应，后来逐渐成为新的目标。当前治理面临的一个主要矛盾是市民需求的一体化与政府部门之间分工的矛盾，要破解这一难题，就需要在政府自身改革上下功夫。北京推行接诉即办改革以来，除了给基层政府造成压力之外，还给区级政府及部门、北京市级部门甚至市级政府都带来了挑战，使得它们需要明确自身的职责范围，加强与民众沟通，改善服务意识，推动跨部门合作，这样才能够实现诉求办理，才能够实现主动治理、未诉先办。通过2019—2021年三年的实践，北京市各级政府的服务意识和服务态度明显改善，干群关系也得到改善，“吹哨报到”机制的使用领域和频率得到加强。事实上，为了提升派单的精准性，快速为市民提供高效的咨询服务，北京市政务服务管理局的“知识库”建设力度不断加大，并且推动北京市机构编制委员会办公室进一步厘清不同职责范围。

衡量接诉即办改革的成效，第四个标准是首都治理体系和治理能力现代化水平。这个结果属于更深远的影响，它强调接诉即办改革不仅能够起到问题解决的作用，还能够发挥治理改善和治理改革的作用。从治理的角度看，接诉即办改革会起到首都治理体系和治理能力现代化水平的“探测器”和“信号灯”作用，把首都治理体系中的弱点、短板和不足找出来，通过有意识的政策改革、制度改革和程序改革得以完善和优化。北京市推行接诉即办改革以来，开始推进“治理类街乡镇”的集中处理、“每月一题”改革等有针对性的举措，对于提升首都治理体系和治理能力现代化水平发挥了较大作用。

六、接诉即办改革的治理问题与挑战

北京市接诉即办改革在取得预期成效的同时，也面临着一些意外的负面效果，它们对接诉即办改革的可持续性带来挑战。对于接诉即办改革的治理问题与挑战，可以从诉求治理主体、治理过程、治理对象和治理环境等维度进行总结，主要包括基层能力、平衡矛盾、治理极限、“公地悲剧”、职责界定、机会主义、政府依赖、棘手难题等问题（见表5-7）。这些问题的有效应对，对于进一步推进接诉即办改革意义重大。

表 5-7　接诉即办的治理问题与挑战

治理问题的维度	主要内容
治理主体	基层能力、平衡矛盾、治理极限
治理过程	“公地悲剧”、职责界定
治理对象	机会主义、政府依赖
治理环境	棘手难题

从治理主体的角度看，接诉即办改革可能会存在基层能力、平衡矛盾和治理极限等问题。尽管各级治理主体都参与了接诉即办工作，但是街道、乡镇和社会等仍然是承担最多治理任务的治理主体，它们可能会面临着基层治理能力不充分的挑战。总体而言，随着接诉即办改革的推进，基层治理主体在办理诉求时治理能力得到提升，但是与民众对美好生活的追求和向往相比，仍然存在能力不足和本领恐慌问题。各级治理主体面临着常规治理任务、应急治理任务和诉求治理任务的平衡问题，在资源有限的情况下，过度投入到接诉即办会导致溢出效应。更为重要的是，各类治理主体都会受到资源、时间和议程的限制，从理论上说，都会有一个最大治理承载极限，当治理诉求超过治理极限时，就会有“治理超载”问题。

从治理过程的角度看，随着接诉即办改革的深入人心，越来越多的市民通过接诉即办来解决问题，这有可能会导致“公地悲剧”、职责界定等问题。诉求要得到处理，首先需要得到关注。以 12345 市民服务热线的电话渠道为例，它存在每天接线电话的极限，在接线极限之下不会有拥挤现象。而一旦反映诉求的电话数量超过了接线极限之后，就会使得诉求受理从纯公共物品转化为公共池塘资源，这也使得公共池塘资源有可能会出现“公地悲剧”。一方面，大家都通过 12345 市民服务热线来反映问题，每个人反映诉求的成本会增加。另一方面，不同人所面临的问题不一样，比较理想的状态是更为紧迫的诉求应该得到优先对待，但是现实中所有诉求都被同等对待，这也会导致另一种资源分配不公平。在诉求受理之后，需要精准派单，这对职责清晰界定提出了较高要求，而很多时候问题有可能被多重定义，存在从多维职责定义的可能性，这也使得诉求处理面临职责交叉的矛盾。

从治理对象的角度看，市民使用接诉即办机制来解决自身面临问题时，也会存在机会主义行为，进而出现政府依赖的问题。事实上，接诉即办可能产生的“公地悲剧”总是与诉求人的过度使用行为分不开，当一些人为了谋取个人私利而滥用接诉即办机制时，就会对这种机制有效发挥作用产生破坏性影响。而更多的人有“败德”行为时，这个系统自身的可信度也会下降，并最终会使得系统崩溃。此外，接诉即办改革使得政府去回应市民诉求，在没有更好界定政府与社会职责边界时，有可能会使得市民自治能力丧失，产生对政府过度依赖的问题。

从治理环境的角度看，接诉即办改革到后面会进入“深水区”，棘手难题将成为最大挑战。市民诉求存在不同类型，有些诉求很容易解决，有些诉求则是历史遗留问题，要对其治理需要付出很多努力，甚至需要对政策和制度进行突破。对于市民诉求的存量，较容易的诉求得到解决之后，剩下的都是棘手难题。对于市民诉求的增量，同样的道理，较容易的诉求得到解决之后，棘手难题就会转为存量诉求。久而久之，各级政府都会面临棘手难题的挑战，都需要付出较大努力和跨部门合作才可能有效应对。

七、进一步推动接诉即办改革的治理建议

正如北京市委主要领导所言，接诉即办只有进行时，没有完成时。自实施以来，北京市接诉即办改革取得了很多成绩，首都超大城市治理正在发生深刻性和系统性变革，市民诉求驱动超大城市治理的新范式雏形实现。尽管接诉即办改革存在一些问题与挑战，但这些并不对大方向

构成实质性影响。事实上，接诉即办改革本身也在针对问题进行不断演化和迭代更新，在解决自身面临的问题中推进和深化改革，从而提升接诉即办改革自身的适应性、有效性和合法性。下一步，北京市在巩固接诉即办改革已经取得的成效基础之上，可以在加强政民沟通、开发微型循环、赋能基层组织、提升内在动力、培育自治能力、应用人工智能、推动政府改革、强化主动治理、上下协同共生等方面下功夫，让接诉即办体系在得到优化和完善的同时，更好地融入首都超大城市治理体系，进而推动首都超大城市治理体系和治理能力现代化。

通过加大政民沟通和开发微型循环，打通政府与民众沟通的“最后一公里”。这些改革既可以进一步提升接诉即办改革的合法性，又可以减少接诉即办可能面临的“公地悲剧”，提升公共资源的配置效率。针对接诉即办改革，既要加大政府与民众在诉求办理之间的沟通，让双方彼此了解，又需要开展接诉即办的替代性途径，如诉求提出和受理能够自我循环，使得很多诉求不一定需要通过 12345 市民服务热线这种“长途机制”得到解决，相反可以通过直接面对面的“短途机制”得到解决。更多的政民沟通、更多的信息交流渠道，就可以使得诉求第一时间得到处理，减少 12345 市民服务热线中心的压力，从而实现接诉即办的诉求总量下降和高效办理有机统一。

通过赋能基层组织、提升内在动力和培育自治能力，建立共建共治共享的社会治理格局。接诉即办改革的初衷是强化到基层一线解决问题的鲜明导向，实现为民服务的宗旨。要使得接诉即办改革具有可持续性，就需要在赋能基层组织上下功夫，使得其真正有能力和有资源回应市民诉求，实现问题解决。更为重要的是，接诉即办改革需要从一种自上而下的推动转化为自下而上的自觉，这就需要在内生动力的培育上下功夫，使得接诉即办成为各级政府的一种行动自觉，而非由外在激励与诱因牵引。此外，要避免市民因为接诉即办改革形成对政府的依赖，就需要在培育市民自治能力上做文章，很多公共事务需要通过协商、对话和共同行动来解决。

通过发挥人工智能的作用，实现接诉即办改革的数字化转型。应对接诉即办改革所面临的“公地悲剧”，除了减少使用之外，还要发挥人工智能的优势，以更快的速度进行处理，通过智能化来实现高效化。这就要求，针对接诉即办运行的各个环节，思考人工智能发挥作用的途径，通过人工智能减少人工成本，让数据得到更快处理。此外，人工智能的广泛使用，也可以提升辅助决策水平。当前，最为关键的是要通过人工智能来提高派单的精准性，并且通过人工智能来重构政府职能体系。以接诉即办改革为契机，将不同政府部门的职能进一步梳理和细化，形成一些可操作的模块，并且使用大数据计算对职能的重要性进行定量，为政府改革指明方向。

通过主动治理、政府改革和上下协同共生，推动首都治理体系和治理能力现代化。北京接诉即办改革要具有持续性，还是要关注治理的根本性问题，回到政府与社会、市场之间关系，回到合作共治，回到整体性政府建构等政府改革的理念上，通过这些基础变革来减少诉求和提升应对诉求的水平。北京市接诉即办改革的一个重要跨越就是从“有一办一”、“举一反三”到“主动治理、未诉先办”，而当前“每月一题”是主动治理的主要抓手，这就需要在深化“每月一题”改革上下功夫，使得它真正成为推动改革、减少诉求和提升治理水平的平台。对于政府而言，就是要以政府改革明确职责，重新定义政府、市场和社会各自的边界。与此同时，由于存在多层级政府和多部门组织，这也使得这些跨地域、跨领域、跨层次的协同共生成为优化接诉即办改革的重要选项。

第六章

接诉即办的社区治理逻辑

基层治理是国家治理的基石，统筹推进乡镇（街道）和城乡社区治理，是实现国家治理体系和治理能力现代化的基础工程。2018 年 11 月习近平总书记在上海考察时指出，“城市治理的‘最后一公里’就在社区。社区是党委和政府联系群众、服务群众的神经末梢，要及时感知社区居民的操心事、烦心事、揪心事，一件一件加以解决。老百姓心里有杆秤。我们把老百姓放在心中，老百姓才会把我们放在心中。加强社区治理，既要发挥基层党组织的领导作用，也要发挥居民自治功能，把社区居民积极性、主动性调动起来，做到人人参与、人人负责、人人奉献、人人共享”。

接诉即办改革不是给社区治理添负担，相反是为社区治理带活力。究其原因，接诉即办工作与社区治理的本质属性具有内在契合性，回应市民诉求、推动问题解决和激发内生动力是其共同目标。接诉即办要推动超大城市社区治理体系和治理能力现代化，关键是要对接诉即办有正确认识，并切实找到一条将接诉即办工作与社区工作有机融合的路径。调研发现，北京市房山区长阳镇嘉州水郡北区社区形成了接诉即办工作的“五位一体”路径，即：（1）通过“党建引领，九元共治”实现资源整合；（2）通过嵌套网格管理实现社会动员；（3）通过内部互动实现问题发现；（4）通过“吹哨报到”实现赋能增效；（5）通过文化营造实现身份认同。嘉州水郡北区社区的治理经验具有可复制、可推广价值，其核心还是党建引领、横向和纵向组织化、资源整合、社会动员、多层联动和居民自治，契合共建共治共享的社会治理共同体逻辑。

一、接诉即办是社区治理的负担，还是财富？

2019年，中共中央办公厅印发了《关于解决形式主义突出问题为基层减负的通知》，决定将2019年作为“基层减负年”，明确了中央要着力解决党性不纯和政绩观错位、文山会海反弹回潮、督查检查考核过多过频和过度留痕、干部不敢担当作为等四个方面的官僚主义、形式主义问题，为基层干部松绑减负，激励广大干部担当作为、不懈奋斗。2021年12月27—28日，中共中央政治局召开党史学习教育专题民主生活会，会议审议了《关于2021年整治形式主义为基层减负工作情况的报告》，提出：“我们深化整治形式主义、官僚主义顽瘴痼疾，建立基层减负常态化机制，激发基层党员、干部干事创业的积极性。经过坚持不懈努力，党风政风焕然一新，社风民风持续向好。”通过4年多持续努力，基层减负成为中央持续推进的一项战略，已经建立了常态化机制并且产生了实际效果。

党的十九大以来，北京市一直重视对基层实施减负、赋能和增效，开展了一系列改革，推动超大城市治理重心下移。2018年，北京市全面推行“街乡吹哨、部门报到”改革，赋予基层更多的权力。2019年1月，北京市重新激活12345市民服务热线，推行“党建引领，吹哨报到”改革。2019年12月，北京市十五届人大常委会第十六次会议表决通过《北京市街道办事处条例》，“吹哨报到”和接诉即办入法。可以说，“吹哨报到”和接诉即办成为首都超大城市治理基本治理的“两翼”，前者对基层政权赋能，后者回应民众诉求，两者有机配合、相得益彰。在这些改革中，接诉即办改革起到了牵一发而动全身的作用，它架起了超大城市治理多层有效互动的桥梁。一方面，北京市通过对街道乡镇直接派单，实现了市委市政府直接抓基层的治理变革。

另一方面，北京市通过引入市直部门解决基层问题，实现了市直部门、区委和区直部门、街道乡镇到基层一线解决问题的鲜明导向。

接诉即办改革在推动超大城市基层治理重心下移的情况下，也会使得街道和社区需要直面市民诉求，推动问题解决。街道为了应对接诉即办的任务和压力，会把一部分市民诉求直接派到社区，由社区居委会来应对和解决。在基层减负的背景下，接诉即办给社区治理增添了更多的负担，还是带来新的财富？判断一项任务是不是基层负担，是否应该实施减负，关键看这些工作和任务是否属于基层治理的职责范围事项，关键看这些工作和任务由谁来承担效率更高，关键看这些工作和任务是否能够增加民众的获得感、幸福感和安全感。很显然，接诉即办工作中，只要诉求是合理的，属于基层治理职责范畴，那就不是社区治理的负担。相反，接诉即办工作本身还可以让社区工作人员直接与民众交往，改善干部作风，提升治理能力，促进社区治理体系和治理能力现代化。当然，即便接诉即办工作属于正常职责范围，一些社区治理主体也可能认为其是一种负担，而不能看到接诉即办的价值。因此，接诉即办到底是社区治理的负担，还是社区治理的财富，关键取决于社区工作者的认知选择和治理选择。同样，接诉即办要推动超大城市社区治理体系和治理能力现代化，其核心是要对接诉即办有正确的认识，并切实找到一条将接诉即办工作与社区工作有机融合的路径。

二、从“负担”到“财富”：嘉州水郡北区社区接诉即办工作的“五位一体”路径

接诉即办是对社区治理的大考，也是检验超大城市社区治理体系和治理能力现代化水平的试金石。接诉即办被看作社区治理的负担，这实际上是一种认知偏见。要实现所谓从“负担”到“财富”的转变，社区治理主体既需要用新的认知模型替代认知偏见，更要寻找有效应对接

诉即办工作，并且实现其与常规社区治理任务有效平衡的路径。从认知模型看，接诉即办工作之所以是社区治理的财富，主要是由回应市民诉求、提升治理能力和弥补治理短板等多个因素决定的。接诉即办工作是对市民诉求的有效回应，这本身是社区治理的应有之义。通过接诉即办工作，社区治理主体实现了与民众的面对面，在解决问题的同时提升了治理水平和治理能力。此外，接诉即办作为一种信号机制，是对现有治理水平的反馈。反过来，通过接诉即办工作，可以查找社区治理中的弱点、短板和不足。在解决观念问题之后，就需要找到有效治理路径，以实现诉求回应、问题解决、主动治理和协同治理。

嘉州水郡北区社区位于北京市房山区长阳镇昊天北大街 48 号，东至京周路，北至京良路，西至京港澳高速，南至松园西路，目前是房山区最大的社区。社区建成于 2009 年，占地 439 亩，常住人口约 2 万人，住宅从 108 栋至 161 栋总计 54 栋楼，住户 5 250 户，商户 320 家，物业管理公司为北京永隆国际酒店物业管理有限公司。社区党支部成立于 2014 年 10 月，支部党员有 124 名，双报到在职党员有 368 名，职数有 5 名，设书记 1 名、副书记 1 名、支委 3 名；社区居委会成立于 2014 年 12 月，有职数 11 名，设主任 1 名、副主任 2 名、委员 8 名，专职网格员 4 名。社区内共有 6 个党小组，15 个居民小组，49 名居民代表，140 名楼门长。作为超大社区，嘉州水郡北区社区在接诉即办工作中面临着极大的任务压力和绩效考核压力。2021 年以来，社区每月平均处理接诉即办工单 41.7 件，但是嘉州水郡北区社区不仅在绩效考核中表现良好，还通过未诉先办的形式解决了社区内的问题，未诉先办的数量常常比接诉即办还多，月均超过 200 件。嘉州水郡北区社区在处理社区问题、提供社区服务方面之所以有如此优异的表现，归功于它对正式资源的有效利用和对非正式资源的充分调动，形成了接诉即办工作“五位一体”治理路径（见图 6-1）。

从图 6-1 可以看出，嘉州水郡北区社区接诉即办工作“五位一体”治理路径，其关键还是将“吹哨报到”、“接诉即办”、“主动治理”与社区治理结构进行有机融合，并通过组织化力量实现横向和纵向整合，实现解决市民诉求、促进问题解决、提前化解矛盾和促进社区治理共同体形成，并最终实现接诉即办工作与社区治理常规工作、应急工作的协同和一体化。接诉即办成为社区治理的内生力量，它通过激发干部积极性，实现各方合作共治，从而推动超大城市社区治理体系和治理能力现代化。

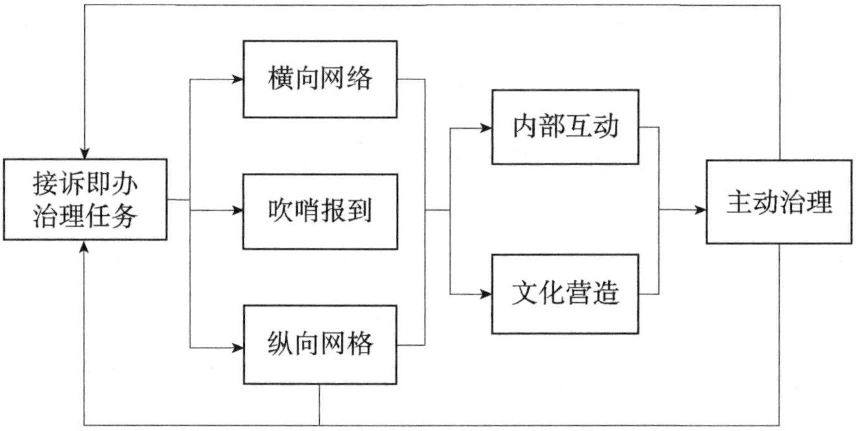

图 6-1　嘉州水郡北区社区接诉即办工作“五位一体”治理路径

三、横向网络实现接诉即办的资源整合

为了应对接诉即办对社区治理的大考，缓解社区治理面临的人员和资源短缺问题，嘉州水郡北区社区通过“党建引领，九元共治”，调动各方的积极性来回应居民诉求，促进问题解决。“党建引领，九元共治”是从横向上加强党领导下的多元共治，建构共建共治共享的社区治理格局。“九元共治”中的“九元”主要是指社区党组织、社区居委会、社区工作站、物管会（业委会）、物业企业、辖区单位、社会组织、社区民警、社区居民等九类社区治理力量，基本上实现了社区治理主体的全覆盖。党组织既不能缺位，又不能越位，如何能够在“总揽全局、协调各方”的定位之下，激发各方的积极性？要让社会组织、物管会（业委

会）辖区单位积极参与，同时避免对居民自治的挤出效应，突出居民的主体性。为此，嘉州水郡北区社区通过党建协调委员、社区议事厅等制度安排，来对社区事务进行定义、明确职责和推动解决。通过“党建引领，九元共治”，嘉州水郡北区社区实现了对正式资源和非正式资源的有效整合，这为接诉即办的棘手难题处理创造了条件和可能性。

“党建引领，九元共治”之所以能够为接诉即办提供支撑，其关键还是通过对各方资源进行整合来回应市民诉求和促进问题解决。为使这些主体共同参与社区治理，嘉州水郡北区社区采取了一系列调动方法，主要包括利益式调动、互助式调动、情感式调动、兜底式调动和政治性调动。利益式调动指社区以正式资源可提供的某些利益，包括金钱、宣传等，对非正式资源主体“以利诱之”，从而调动非正式资源。互助式调动指社区的正式资源主体和非正式资源主体都对某项公共服务感兴趣，并且独立难以完成时，自然形成的合作。情感式调动指社区通过建立一体化的观念、塑造家庭式的氛围，培养非正式资源主体对社区的认同感和奉献精神，从而调动非正式资源。兜底式调动指社区为本身就对社区服务感兴趣的非正式资源主体提供最初的引导或恰到好处的帮助，在非正式资源主体和社区治理之间搭建桥梁，从而使非正式资源加入社区治理。政治性调动指利用好社区内具有奉献和服务精神的党员力量，以提升社区提供公共服务的能力。在实际的应用中，对某个主体的调动往往是多种方法并存而非单一的，对各个主体的调动也非分割而是混合的。

四、纵向网格实现接诉即办的社会动员

为了激活社区治理的内生动力，形成建设人人有责、人人尽责、人人享有的基层治理共同体，嘉州水郡北区社区通过对网格管理实施改造，建构纵向嵌套的多层网络管理体系，为各类居民参与社区治理提供

制度平台。嘉州水郡北区社区依托网格化管理制度建立了社区治理的平台，通过划分 15 个片区、建立网格、设立楼门长等多级管理体系，使得分散的居民“再组织化”。为适应治理的现实情况，社区在 2018 年底对网格进行了调整，重新划分了网格区域，由原来的 54 个网格调整成为目前的 15 个网格，力求实现社区的全面化、精细化和人情化管理。在实践中，社区形成了“网中有格、格中有人、人在格上、事在格中”的治理格言，该格言的内涵在于：社区的网格化管理应实现全面覆盖，每个网格都由网格员各自负责，协调解决社区居民的各种问题，并尽可能地在网格内解决问题。这意味着，以纵向嵌套网格管理制度为平台，嘉州水郡北区社区为实施社会动员提供了基础和支撑。

纵向网格之所以能够激发居民参与接诉即办工作的积极性、主动性和创造性，最为根本的原因还是在居民的组织化和集体行动两个方面进行了探索，使得合力得以产生。从纵向上加强社区自身的组织化水平，使得每一个居民都能够找到“组织”，这是嘉州水郡北区社区纵向网格化制度平台建设的核心秘密。只有建立严密的组织体系，才能够避免原子化和一盘散沙，个人才会愿意为社区贡献力量。与此同时，当被组织起来后，社区居民在考虑问题时，才会既从个人诉求出发，又从集体利益出发，将个人诉求和集体目标两者结合起来。嘉州水郡北区社区的很多接诉即办问题都是在沟通中解决的，这是居民对社区治理认可和理解的体现。此外，有了网格化制度平台，社区居民可以更好地进行集体行动，大家一起通过协商、对话和共同行动来解决他们所面临的治理困境。事实上，推动社区居民再组织化和集体行动的过程，也是政府对社区居民进行动员的过程。一般而言，社区居民的持续组织化和集体行动，都需要经过“被动员”到“主动作为”的转变。被动员本质上是居民习得参与公共事务、进行集体行动的技艺的过程，在不断协商、对话和学习中，居民最终会成为积极治理主体，集体行动也会成为一种习惯和自觉。

五、内部互动实现“主动治理”的信息收集

嘉州水郡北区社区从事接诉即办工作时，在被动回应市民诉求和解决问题的同时，也开始探索“主动治理、未诉先办”，通过与居民有效互动提前在社区层面解决问题，减少居民通过12345市民服务热线反映问题的次数。为此，它们建立了“我来办”工作机制，主动收集居民诉求，推动问题及时解决。更为重要的是，它们推动接诉即办、网格管理和“主动治理、未诉先办”三者的有机融合，实现一个大平台通过不同机制和渠道回应市民诉求，并且相互促进、相互支撑和协同共生。按照接诉即办工作要求，社区设立了市民服务热线工作站以承担社区内接诉即办工单的分配工作。同样，按照“未诉先办”工作要求，社区设立了“我来办”工作站承担“未诉先办”工单的工作。市民服务热线工作站和“我来办”工作站合署办公，被称为“社区工作站”，共同对社区内的各种诉求做出回应。社区工作站由社区所有的工作人员共同组成，包括5名党支部成员、11名居委会工作者（其中党支部书记在居委会交叉任职）、4名专职网格员。通过建立整合的社区工作站，嘉州水郡北区社区发挥不同机制的优势和协同效应，实现了立体式回应市民诉求和促进问题解决。

嘉州水郡北区社区在应对接诉即办工作时，率先实现了从接诉即办向“主动治理、未诉先办”的转变，并且找到了实现“主动治理、未诉先办”的路径与机制。观念是行动的先导，没有理念和思维变革，只能被动地回应市民诉求，工作就会很吃力。事实上，嘉州水郡北区社区自开展“我来办”工作机制以来，每个月的诉求量是接诉即办诉求量的三倍多。从一方面看，这似乎是社区主动增加了工作负荷；但是从另一方面看，这是在从长远减少接诉即办的诉求量。而通过与居民的内部互动和主动回应，更有可能获得居民的认可和尊重，这样社区居民才更能够理解社区行动，并且作为主人翁积极参与社区治理，为社区做出贡献。

嘉州水郡北区社区除了建立“我来办”工作机制之外，还在组织模式上进行了创新，实现全员回应接诉即办、网格管理和“主动治理、未诉先办”，这是在组织人员数量较少情况之下的良好策略。通过这套组织策略，嘉州水郡北区社区成功地将接诉即办工作和“主动治理、未诉先办”工作纳入组织常规工作范畴，并且在不同工作中进行资源调配，实现资源最优配置。

六、“吹哨报到”实现社区治理的赋能增效

社区在充分整合辖区内外资源的情况下，若是还遇到不能解决的问题，那么就必须向外寻求帮助。这意味着社区需要构建向上级政府部门的联系网，在遇到问题时迅速得到反应和协助。简言之，这些问题不是仅凭社区自身努力可以解决的，需要自上而下地加强上级政府和部门对下级治理单位的支持，一起行动，共同建立相关的问题解决机制。“吹哨报到”机制代表了上下联动、条块整合的最新尝试，它是推动上级政府和条条部门来解决基层问题的治理工具。“吹哨报到”机制最初是由街道、乡镇“吹哨”，区级部门“报到”，以解决“看得见的管不着，管得着的看不见”等信息不对称和权责不匹配问题。当前，“吹哨报到”机制从街道、乡镇延伸到社区，此时社区作为“吹哨”主体，街道、乡镇作为“报到”主体，协助社区一起来解决棘手难题。

嘉州水郡北区社区能够成功应对接诉即办的挑战，并且取得较好成绩，这与它们对“吹哨报到”机制的高效使用以及长阳镇的治理支持密不可分。很显然，在没有约束的情况下，“吹哨报到”机制有可能会被滥用。这里所谓被滥用主要是指社区不会先努力尝试自身是否能够解决居民诉求，而是遇到问题和困难就把矛盾上交。比较理想的状态是“吹哨报到”机制需要在社区治理主体穷尽所有可能办法之后才被选择启动，并且这些问题和职责也超出社区治理主体的职责范围，至少仅仅依

靠社区治理主体不足以实现问题解决。除了解决“吹哨报到”机制可能被滥用的问题之外，另一个问题就是一旦“吹哨报到”机制启动和得到合理使用，就需要被“吹哨”的政府和部门积极配合社区来解决问题，形成一种治理支持体系很重要也很关键。如果上级政府和部门不配合，或者采取官僚主义和形式主义的态度，就既不利于问题解决，也会打消社区治理主体“吹哨”的积极性。同时，社区治理主体也可以基于诉求办理和问题解决过程，加强自下而上的政策或信息反馈。这意味着，通过建立政策或信息反馈机制，社区治理主体及时将基层治理中遇到的共性难题和问题反馈给上级政府，通过上下互动，先自下而上地反馈治理难题，再自上而下地会商解决，推动政策和制度变革，从而实现向基层赋权，提高基层治理能力。

七、文化营造实现社区治理共同体的身份认同

文化在治理中的作用和重要性日益凸显，嘉州水郡北区社区也十分重视从文化营造的角度来构造社区治理共同体，形成社区居民对共同身份的认可，这是社区可持续治理的文化和价值基础。社区内的问题不都是显性的，即使再怎么挖掘，总有一些隐性问题埋藏在社区之中。以养老问题为例，高龄老人在缺乏照顾的情况下容易与社会脱节，即使政府公开市民服务热线并鼓励拨打，老年人群体也可能不知道这种方法。因此，老年人群体的问题很容易成为社区的“隐藏问题”。他们并非生活无忧，而是难以知晓反映问题的渠道，所以他们的问题就需要社区主动地去发现和解决。

嘉州水郡北区社区通过网格化治理平台，充分调动了社区内的各项资源，比如社区内的党员先锋队就聚焦到了社区内共 33 名身份为高龄空巢、独居、军烈属和离休干部的老人，他们希望能够缓解老人们情感缺失、安全感缺乏的问题，并为老人们提供情感慰藉。2019 年 7 月到 9

月，在居委会的协调下，社区内的党员先锋队专门成立了“红色力量暖人心——关爱高龄老人”项目，联合社区志愿者、中研中医医院、房山中医院月华分院党支部、中医院大学团支部共同开展社区志愿服务，以小组的形式，进行入户理发、贴耳豆、义诊、慰问、中医按摩等活动。相关活动的开展，一方面为老年人群体提供了生活便利，令他们“走出各自小家庭，走进社区大家庭”，感受社区温暖；另一方面也提高了社区志愿者的服务水准，党员先锋队中一些较为年轻的老人也在此过程中练习了生活技能。通过该项目，社区以网格化为基础，帮助缓解了社区养老问题，并且建立了社区自我管理、自我运行、循环运转的模式，在社区内形成了友好的互助氛围。

社区治理能力的提升还体现在越来越多的社区居民互动中，治理不仅仅是解决问题，更是在整个社区内形成一种和谐、有序的氛围，这是社区文化营造的过程，最终目标是形成对社区治理共同体的身份认同。自 2015 年 3 月起，嘉州水郡北区社区在居委会的主导下，逐渐在每个月最后一个周五形成了固定的“风铃志愿者服务日”。在这一天，居委会会进行文明宣传；志愿者们则提供量血压、便民洗脚等服务；社区商户的免费理发是最吸引人的服务。截至 2022 年，社区已经举办了超过 80 次“风铃志愿者服务日”，它已经成为社区内固定的美丽风景，既服务居民，提高了社区的治理能力，也使社区更加具有亲近性和稳定性。

八、嘉州水郡北区社区“五位一体”的接诉即办模式的启示

在回应市民诉求和推动问题解决过程中，嘉州水郡北区社区形成了“五位一体”的接诉即办模式，它也代表了北京市探讨市民诉求驱动超大城市社区治理体系和治理能力现代化的有益尝试。“五位一体”的接诉即办模式是否有生命力，关键看这一模式是否能够回应市民诉求促进

问题解决，是否具有可持续性，是否具有可复制性、可推广性。这些问题，从本质上看是对“五位一体”的接诉即办模式的内部有效性、外部有效性、稳健性和韧性的讨论。内部有效性关注模式是否对嘉州水郡北区社区的接诉即办工作有效果，外部有效性关注模式是否可以适应于其他社区，稳健性和韧性关注模式是否能够经受住时间检验和冲击。我们认为，横向网络化、纵向网格化、内部互动、上下联动、文化营造等要素具备一般性潜力和生命力，这些要素不仅可以用来回应接诉即办工作带来的挑战，还可以解决社区治理面临的其他问题与挑战。

从嘉州水郡北区社区“五位一体”的接诉即办模式来看，社区要做好接诉即办工作，从短期来看主要是回应市民诉求，促进问题解决，主动治理减少问题源，从长期看仍然是要在社区治理体系和治理能力现代化上下功夫。嘉州水郡北区社区“五位一体”的接诉即办模式给社区治理体系的启示是社区治理的组织化和制度化，只有组织化和制度化才能够调动各方积极性，共同协商集体行动推进问题解决。而对于治理能力的启示而言，社区治理主体需要加强各方沟通，尤其是要掌握好一些问题解决的技艺，用好“吹哨报到”、主动治理、文化营造等机制，既要具备解决眼前问题的治理能力，又需要培养解决长远问题的治理能力。当然，在推进社区治理体系和治理能力现代化的进程中，党的领导和党建引领仍然是核心，共建共治共享的社会治理共同体是蓝图。

更为重要的是，社区治理体系和治理能力现代化不可能毕其功于一役，不可能一劳永逸，也没有万能药，它需要社区治理主体的持续努力。由于社区治理是一件人工品，其成果取决于人类的持续努力。其他社区在学习嘉州水郡北区社区“五位一体”的接诉即办模式的同时，也仍然需要结合本地实际进行再创造，需要与自身的治理传统、治理结构、治理文化、治理价值等进行有效对接，在治理学习中形成和实现自身社区的治理体系和治理能力现代化。

第七章

接诉即办的“国之大者”逻辑

2021 年 4 月 25 日，习近平总书记在广西考察时指出，让人民生活幸福是“国之大者”。接诉即办改革遵循“国之大者”的逻辑，其最根本的原因在于两者的价值追求和内容指向具有内在契合性。接诉即办改革是“国之大者”的生动实践，其最为关键和重要的是找到了“国之大者”从价值到实践的路径，真正从行动上践行“国之大者”理念。以接诉即办为纽带，人民生活幸福和“国之大者”两者之间建立了更为紧密的联系。

接诉即办实现人民生活幸福包含着问题解决、问题预防、治理参与和治理改善等多重逻辑，通过多重路径来实现。从北京市的实践探索来看，接诉即办改革实现让人民生活幸福的核心路径包括：（1）通过问题解决实现人民生活幸福；（2）通过问题预防实现人民生活幸福；（3）通过全过程人民民主实现人民生活幸福；（4）通过治理能力提升实现人民生活幸福；（5）通过治理韧性培育实现人民生活幸福。

一、接诉即办改革是实现让人民生活幸福的新路

接诉即办改革遵循“国之大者”的逻辑，其最根本的原因在于两者的价值追求和内容指向具有内在契合性。从语义上看，接诉即办是对“民有所呼、我有所应，闻风而动、接诉即办”的指称，最初是为了解决政府对民众诉求的回应性问题，希望通过高效回应市民诉求来践行中国共产党的初心使命。因此，接诉即办改革最重要的价值是为民服务，

它希望将中国共产党追求“为人民服务”的理念和政府改革中“服务型政府”的理念有机融合，探索超大城市治理的新路。“国之大者”由习近平总书记2020年4月20日至23日在陕西考察时首次提出，他强调，“要自觉讲政治，对国之大者要心中有数，关注党中央在关心什么、强调什么，深刻领会什么是党和国家最重要的利益、什么是最需要坚定维护的立场”。随后，“国之大者”的内涵和外延不断丰富。2021年4月25日，习近平总书记在广西考察时，明确提出让人民生活幸福是“国之大者”。以人民生活幸福作为公约数，这使得接诉即办改革与“国之大者”具有紧密联系。接诉即办改革是落实“国之大者”理念的具体举措，让人民生活幸福和实现美好生活成为各级治理主体的价值追求。

接诉即办改革是“国之大者”的生动实践，其最为关键和重要的是找到了“国之大者”从价值到实践的路径，真正从行动上践行“国之大者”理念。接诉即办改革能够实现人民生活幸福，其理论逻辑在于它解决了人民生活幸福所面临的直接问题、间接问题和可持续问题。无论是人民生活幸福，还是对美好生活的价值诉求，都是一种主观感受，这种主观感受强调对现状比较满意，意味着现状不存在与价值观不符合的问题，没有需要去解决的冲突和矛盾，属于一种无问题的状态。为了达到这种无问题的状态，就需要在问题出现时能够及时回应问题和解决问题；更需要能够提前采取行动，避免问题出现，或者将问题在萌芽状态解决。事实上，无论是客观状态，还是人类主观价值，都在动态演化中，问题解决和问题预防都不能一蹴而就，也不可能一劳永逸，需要具备持续推进问题解决和问题预防的能力。对于人类的主观价值，马斯洛早就提出了需求层次理论，强调生理、安全、爱、尊重、认知、美、自我实现和超越等八种需求。马斯洛需求层次理论的构建本身也是一个演化的过程，它最初只有五种需求，逐步发展到目前的八种需求。同样，事物的客观状态也在不断变化之中，过去符合价值观的状态可能因变化而转化为问题。由此可见，要让人民生活幸福和追求美好生活，除了推动问题解决和问题预防之外，还需要提升问题解决和问题预防的能力，这是对治理体系和治理能力的要求。为此，我们可以总结接诉即办实现人民生活幸福的四种逻辑和五种实现路径，它们都是围绕着治理主体、治理问题和治理对象等三者之间的关系展开（见表 7-1）。

表 7-1　接诉即办实现人民生活幸福的逻辑与路径

基本命题	主要逻辑	核心路径
接诉即办改革是实现人民生活幸福的新路	问题解决	（1）通过问题解决实现人民生活幸福
	问题预防	（2）通过问题预防实现人民生活幸福
	治理参与	（3）通过全过程人民民主实现人民生活幸福
	治理改善	（4）通过治理能力提升实现人民生活幸福 （5）通过治理韧性培育实现人民生活幸福

通过表 7-1 可以看出，接诉即办实现人民生活幸福包含着多重逻辑，通过多重路径来实现。问题解决和问题预防逻辑是对治理主体的强调，它要求治理主体能够通过问题解决和问题预防实现人民生活幸福。治理参与逻辑则是对互动治理的强调，它要求民众作为治理主体参与治理实践，通过承担参与者、合作者和评价者的角色来实现自身幸福。治理改善逻辑则是对治理体系和治理能力的强调，要求通过治理能力提升和治理韧性培育，为前面的问题解决、问题预防和治理参与提供支撑，并且保障问题解决、问题预防和治理参与的可持续性。接诉即办改革通过这些路径实现人民生活幸福，也是逐步摸索、多重互动和掌握规律的结果，体现了适应、学习和迭代等治理特征。

二、接诉即办改革通过问题解决实现人民生活幸福

让人民生活幸福的首要条件是回应民众诉求，帮助人民解决他们所面临的困难和问题。政府及时回应民众诉求，创造性实现问题解决，人

民不一定幸福。但是，如果民众的诉求和问题没有得到认真对待，则人民一定不幸福。很多时候，问题解决类似于双因素理论中的"保健因素"，解决了不一定起到激励作用，不解决一定会带来负面效应。由于人民的价值观在不断演化，尤其是对美好生活的追求在不断提升，这使得他们在不同时期和不同环境可能面临着不同的问题。更为重要的是，不同的群体对于问题的感知和诉求又有差异，这使得政府可能会面临着多样性问题的挑战。这意味着，政府通过问题解决来实现人民生活幸福，只有进行时，没有完成时，需要持续不断通过问题解决来巩固和提升人民生活幸福水平。问题解决是政府首先需要提升的本领，并且这一本领需要根据环境、问题复杂性和民众属性不断进行调整。事实上，人类要取得成功，文明要获得发展，也是从解决一个个问题出发，在不断解决问题中实现累积性发展。从这个意义上看，问题解决构成了人民生活幸福的必要条件而非充分条件。因此，问题解决也可以作为一个衡量指标来讨论一个地区的人民生活幸福水平。在同等条件之下，如果政府的问题解决能力越强，其所在辖区的人民可能生活得越幸福。

接诉即办改革在问题解决意识、个体类问题解决和系统性问题解决等三个方面提升了不同治理主体的问题解决水平，为实现人民生活幸福迈出坚实步伐。接诉即办通过主动回应市民诉求，主动接受市民问题反映，提升了不同治理主体感受问题、回应问题和解决问题的意识，这是实现问题解决的第一步。很多时候，政府治理主体不相信问题存在，或者对于问题忽略不见，这使得问题常常不被发现，以及不能够在恰当时间解决。接诉即办改革重新激活 12345 市民服务热线，正是对市民诉求和问题的正视和不回避，从而为解决问题提供了可能性。北京市接诉即办改革在提升问题解决意识的同时，非常重视通过一个个具体问题解决来提升每一位市民的生活幸福感，这在现代社会资源稀缺和诉求较多的情况之下显得非常可贵。从北京市的数据来看，接诉即办改革实施以来，无论是回应民众的数量，还是回应民众的问题，都在显著增加。除了认真解决每一个市民所面临的诉求和问题之外，北京市接诉即办改革也重视和擅长从个体问题去发现系统问题，这些系统问题可能是领域性系统问题，如疫情防控问题、市场监管问题、物业管理问题、垃圾分类问题等，也可能是空间性系统问题，如老旧小区问题、城中村问题、诉求集中小区问题等。从解决一个个具体问题到解决一类类问题，这是接诉即办改革提升问题解决能力的重大举措。北京市 2021 年开启的“每月一题”改革，就是尝试解决一类问题的体制机制探索。

三、接诉即办改革通过问题预防实现人民生活幸福

让人民生活幸福还需要减少问题空间，通过问题预防来降低问题产生的可能性，从而使得问题解决成为次优选择。问题解决一般分为两个环节——发现问题和解决问题，发现问题受到问题空间的范围、结构和规模影响，解决问题受到方案空间的范围、结构和规模影响，而问题解决与两者匹配程度密切相关。很多时候，人们总是认为问题就在那里，等着人们去解决。事实上，问题本身既是建构的过程，又有自身的运行规律。问题从起源到发展再到演变成为真正问题，会遵循问题产生的逻辑和规律。经过较长时间的演化真正成为问题之后，问题才可能被建构和发现，进而解决问题再被提上日程。问题预防可以看作更高阶的问题解决，其核心是避免问题出现，或者减少现状发展成为问题的概率，让人民感受不到问题存在。与解决问题相比，问题预防更多着眼于问题框数量、结构和类型减少，它是对问题产生过程的干预，通过提前干预阻止问题产生，重视在问题出现之前的方法和措施。建设一个无问题或者小问题的公共空间，这一直是公共治理追求的目标。但是，在现实中很难真正做到，这既与问题建构的主观性和价值性有关，又与提前掌握问题产生规律的难度有关。因此，一个国家或地区，如果越是能够通过问题预防斩断问题产生的链条，减少市民可能进行诉求的问题空间，则人

民生活幸福水平就会越高。

接诉即办改革在问题预防方面进行了一系列探索，通过发现周期性规律、网格管理＋接诉即办、大数据研判、面对面沟通等方式来让人民生活幸福。接诉即办改革实现从解决问题向问题预防转变，首先是从发现治理周期性规律，从而通过“冬病夏治”来减少问题，提升民众的幸福感。例如，冬天供暖问题，夏天雨季防水问题，工作日交通拥堵问题等，都是周期性出现，通过提前应对可以预防问题发生，这样就会减少有可能发展成为真正问题的概率。将网格管理和接诉即办有机结合，这是北京市提升问题预防水平的又一举措。为此，在区一级政府层面，负责网络管理的城市指挥中心也同时负责接诉即办工作，这两项工作在同一组织体系之下运行，有利于将主动发现问题和被动接受诉求结合，并且通过两者相互比对和印证，起到问题预防的作用。当前，随着接诉即办改革的推进，提升接诉即办人工智能化水平成为主要的举措，人工智能在接诉即办的各个环节和程序方面都可以发挥较为重要的作用，尤其在问题预防方面可以起到关键作用。例如，朝阳区通过人工智能和大数据分析，基于诉求数据，及时发现可能存在的群体性事件风险，提前进行分析和研判，并采取措施，避免了更大问题和难题的出现。进行问题预防的手段还包括真正与民众面对面沟通，在交流中锁定可能存在的问题，并提前采取解决措施，这也是接诉即办改革对首都北京基层治理产生的影响。

四、接诉即办改革通过全过程人民民主实现人民生活幸福

要让人民生活幸福更需要突出人民的主体性，人民要在问题发现、问题解决和问题预防等不同环节发挥重要作用，人民要在治理过程中“在场”，主体性是人民生活幸福的内生性要素。人民生活幸福既是一个集体概念，又是一个个体概念，它是要求所有人都生活幸福之后建构的

一种集体意向。无论是个体意向，还是集体意向，生活幸福都是一种主观色彩很浓厚的观念和价值意识，它与主体性具有天然的契合性，忽略主体性就是一种伪生活幸福。这意味着，人民生活幸福并不是人民等着获得服务，或者依靠其他人来解决问题，相反，人民生活幸福也需要发挥自身的主体性，通过自身参与治理过程来获得幸福，幸福需要依靠个人奋斗、参与和共同行动来完成。从这个意义上看，人民生活幸福并不是一个外生型客观标准，相反，它是一个内生型主观建构，缺乏人民的主体性，人民生活幸福也就失去了根基。只有将人民的主体性贯彻到治理过程的每一个阶段和环节，切实让人民感受到主人翁精神，各级治理主体践行人民公仆意识，人民生活幸福才具有鲜活生命力。否则，人民生活幸福只是一种外在加强的"幸福"，可能不是人民感受到的真正"幸福"，很可能人民生活幸福又成为一种新的官僚主义和形式主义。因此，一个国家或地区，在治理过程中越是突出民众的主体性，民众参与的环节和领域越多，尤其是在涉及自身利益的关键过程参与越多，其生活幸福的程度就可能越高。

接诉即办改革在提升人民的主体性、推行全过程人民民主方面进行了一系列探索，切实提升人民生活幸福水平。接诉即办将主观评价引入办理效果考核，通过响应率、解决率和满意率来判断政府为民办事的效果，这是在评价指标方面提升人民的主体性。响应率、解决率和满意率这三个指标，解决了考核政府是否回应民众诉求、问题是否得到解决、整体解决过程是否满意等诉求办理的核心问题。很显然，这很好地将人民生活幸不幸福应直接问需于民、问计于民、问效于民的思想进行了可操作化。事实上，很多时候，尽管事情没有得到解决，但是人民仍然满意，这说明政府办事认真的态度、表现出的责任感和专业性得到了人民的认可，使得人民自身的幸福感也随之提升，因而他们相信尽管这一个事项可能不会得到有效解决，但是政府在其他事情方面一定会解决他们面临的挑战和问题。相反，还有一些情景，政府尽管帮助民众解决了问题，但是人民可能仍然不满意，这就是人民生活幸福的主观性的典型案例，这也说明政府需要将人民主体性纳入问题解决中。而《北京市接诉即办工作条例》的出台，更是体现了全过程人民民主的思想，充分发挥人民的主体性，通过多轮反复征求意见，使得指导接诉即办工作的《北京市接诉即办工作条例》自身具有合法性和得到人民的信服。有了好的制度，才能够使得接诉即办工作具有可持续性，才能够为人民生活幸福提供长期性的制度保障。

五、接诉即办改革通过治理能力提升实现人民生活幸福

要让人民生活幸福也需要提升治理能力，这是对政府专业化水平和能力的要求，治理能力是实现问题发现、问题解决和问题预防的保障，是与民众进行有效沟通互动的前提。人类很早就认识到治理能力和水平与自身福祉之间存在紧密联系，衡量治理质量成为判断一个国家政治清明和发展潜力的主要指标。从某种程度上看，人类从农业社会向工业社会和现代化转型的过程，一个重要的构成要件便是治理现代化。因此，党的十八届三中全会明确提出全面深化改革的总目标是完善和发展中国特色社会主义制度，推进国家治理体系和治理能力现代化。治理能力既是一个系统层面概念，是对整体治理体系能力的衡量，也是一个要素层面概念，强调对一个具体治理单元的衡量。在这里，治理单元既可能是对一个组织进行界定，也可能是对一个领域进行界定，前者如卫健委的治理能力，后者如能源领域的治理能力。治理单元中的组织和领域并非完全对应，一个组织可能涉及多个领域，一个领域可能涉及多个组织，这些组织和领域的互动构成了治理体系的能力。治理能力包含很多方面，至少可以区分为内部治理能力和外部治理能力，前者是对自身知识、专业和资源的组织，包括对内部人、财、物等协调，后者则是强调对横向和纵向外部关系的管理，以及对环境的适应。尽管从治理能力到

治理效能，还有很长的距离，但是治理能力是治理效能的基础。因此，一个国家、一个地区、一个领域的治理能力越高，其所在国家、地区和领域的人民生活就越幸福。

接诉即办改革在回应市民诉求、促进问题解决的同时，大大提升了各级治理主体的治理能力。治理能力是一个可变的概念，它可以通过学习、实践和试错得到提升。接诉即办对于治理主体的治理能力提升表现在各个方面，其中最重要的体现为与民众沟通能力、注意力分配能力和协同合作解决问题能力等三类能力。在一个快速变化和开放的社会，信息沟通能力是一项重要的治理能力，接诉即办促进不同治理主体及时、快速和有效回应市民诉求，这会使得他们学习与民众沟通，尤其是就不合理的诉求进行沟通从而获得他们的理解。从某种程度上看，接诉即办改革使得党的群众路线得以回归，失去的本领重新被找回。注意力分配能力是另一项重要的治理能力，它直接决定了治理主体是否可以将最重要的资源配置到最重要的事项上。接诉即办改革会使得不同治理主体思考他们自身所面临的核心问题和主要事项，诉求作为反馈存在，会推动治理主体调整资源配置，从而形成一个较为良性的互动机制。当前，北京市市、区和街道将民生事实与市民诉求有机结合，告别过去由政府单方面决定民生事实的机制，形成了一种民生事实共同决策的机制创新。更为重要的是，接诉即办改革通过再次激活“吹哨报到”机制，促进了北京市市、区和街道的横向、纵向和多层联动，真正实现了上下左右联动、条块结合来推动问题解决，这使得政府应对复杂和棘手难题的协同治理能力大大提升。

六、接诉即办改革通过治理韧性培育实现人民生活幸福

要让人民生活幸福还需要培育治理韧性，使得治理主体能够适应不同情景，并且能够应对来自环境或者突发事件的挑战。治理韧性的概

念将时间引入到对人民生活幸福的讨论中，强调人民生活幸福是否具有可持续性，是否能够经受不同情景、危机和事件的考验。治理韧性是将生物学的韧性、稳健性和弹性等思想引进治理研究，突出治理面临环境挑战、冲击和危机时，能够很快恢复到之前的状态。因此，治理韧性与弹性、稳健性等具有大致相同的含义，都是对治理受到外部或者内部冲击能够很快适应的一种指称。很多时候，治理体制可能能够很好处理常规任务，但不一定能够应对应急任务。在一个确定性高和相对静止的社会，是否有治理韧性可能对于人民生活幸福的可持续性不一定会造成太多影响。而在一个复杂的、具有不确定性的社会，治理韧性与人民生活幸福之间联系就会更紧密。这主要是因为，治理体制可能更多时候都面临着一些首次出现的治理挑战，这些挑战没有先例可循，并且之后也不一定会再出现，很多治理都是一次性的。这样，此前以寻找治理规律为核心的治理开发可能要让位于以适应治理挑战为核心的治理探索，每一次治理都需要使用全新的治理工具和治理机制来达成治理目标。为此，一个治理体制越是具有治理韧性，它越是能够很快应对挑战和完成治理任务，人民的幸福感越高。

接诉即办改革通过让治理主体处理多样性的诉求、应对新冠疫情等，使得北京市各级治理主体的治理韧性大大提升，为人民生活幸福提供了坚实治理基础。事实上，与个体鲜活的大量诉求相比，任何想象的治理分类总是会显得单调。接诉即办最初是为了回应差异性、多样性和复杂性的个体诉求，避免从现有治理类型出发从事治理活动，实现个体和类型的有机互动。在回应不同个体诉求的过程中，各级治理主体就会形成丰富的治理经验，这些治理经验既可能是因为治理对象产生的，也可能是因为治理客体产生的，更多的是由治理对象和治理客体的复杂互动而产生，这些治理经验会提升治理韧性水平。事实上，随着时间推移，不同治理主体一定会对治理对象和治理客体形成一个大致的治理边界，即随着治理边界的形成，此后治理主体所面临的人和事大致都会在先前的治理中找到原型。此时，治理边界就会对治理主体形成较为完整的治理学习环，这些治理学习环可以培育治理韧性，即便未来还会遇到新的知识和领域，治理主体也大致上能够较好地应付不同个体诉求和治理环境带来的治理任务和治理挑战。接诉即办提升治理韧性的另一个重要途径就是回应新冠疫情对超大城市治理的挑战，通过处理涉及疫情的诉求为不同治理主体处理应急治理带来了经验，这也使得这些治理主体未来可以很好地应对不同风险和应急事项。从这个意义上看，接诉即办通过直接面对和回应涉疫诉求提升了不同治理主体处理应急事务的治理韧性。

第八章
接诉即办的“中国之治”逻辑

2014 年 2 月，习近平总书记在考察北京时指出，建设和管理好首都，是国家治理体系和治理能力现代化的重要内容。2017 年 2 月，习近平总书记再次考察北京时指出，城市规划建设做得好不好，最终要用人民群众满意度来衡量。要坚持人民城市为人民，以北京市民最关心的问题为导向，以解决人口过多、交通拥堵、房价高涨、大气污染等问题为突破口，提出解决问题的综合方略。要健全制度、完善政策，不断提高民生保障和公共服务供给水平，增强人民群众获得感。首都治理应贯彻“中国之治”逻辑，创造性地与首都特色相结合，探索“中国之治”的北京样本。

接诉即办基于市民诉求驱动首都治理体系和治理能力现代化，是“中国之治”在首都北京的生动实践。总体上看，接诉即办的“中国之治”逻辑主要表现为以下八个方面：（1）接诉即办符合党的领导逻辑；（2）接诉即办遵循依法治国逻辑；（3）接诉即办践行人民民主逻辑；（4）接诉即办贯彻深化改革逻辑；（5）接诉即办发挥两个积极性逻辑；（6）接诉即办推行共建共治逻辑；（7）接诉即办体现人民至上逻辑；（8）接诉即办贯彻自我革命逻辑。

一、接诉即办是“中国之治”在首都北京的生动实践

首都北京“都”与“城”之间的关系，其实是中央与地方之间关系

的一种特殊形态，“都”是中央对北京的定位和要求，“城”是北京自身的特点和规律。事实上，任何一个地方都需要处理好中央与地方的关系，只不过由于北京是首都所在地，这使得中央与地方的关系在北京显得更为直接、紧迫和关键。要处理好“都”与“城”的关系，既需要遵循“中国之治”的一般逻辑，又需要结合北京实际因地制宜，两者缺一不可。任何成功的改革一定是找到了两者的结合点，实现了“都”与“城”的相互促进，通过“城”的发展来实现“都”的目标，通过“都”的定位来拓展“城”的空间。

接诉即办改革既不是从天上掉下来的，也不是从石头缝中蹦出来的，它本质上是“中国之治”在首都北京的生动实践。接诉即办是对党建引领“吹哨报到”的深化，植根于党的群众路线，与为民服务的价值一脉相承，践行人民城市为人民的理念，以解决民众诉求为突破口，通过举一反三、主动治理和未诉先办，推动实现系统性、全面性和深刻性的首都超大城市治理变革。这意味着，接诉即办改革很好地处理了普遍性与特殊性、继承性与创新性、原则性与灵活性之间的关系，探索出了一条基于“中国之治”的首都北京超大城市治理新路。

对于“中国之治”的构成要素，不同学者有不同阐述，不同时期有不同总结，但是总有一些内核和底层支撑不变。考虑到“中国之治”最终需要回应国家治理的基础性和根本性问题，要回答好“为了谁，依靠谁，我是谁”等治理主体和治理对象问题，实现治理主体与治理范围之间的有效匹配，我们认为，“中国之治”的内核至少可以包括八个方面：党的领导、依法治国、人民民主、深化改革、两个积极性、共建共治、人民至上、自我革命（见表 8-1）。在这八个要素中，党的领导是关键，依法治国、人民民主、深化改革、两个积极性、共建共治是方法和手段，人民至上是目标，自我革命是基础。

表 8-1　“中国之治”的内核要素

依据	内核要素
“四个全面” “五位一体” 习近平新时代中国特色社会主义思想	党的领导 依法治国、人民民主、深化改革、两个积极性、共建共治 人民至上 自我革命

接诉即办改革契合“中国之治”逻辑，其核心在于“中国之治”的关键要素在接诉即办实践中得以体现，并且以系统方式进行呈现。这意味着，接诉即办改革一方面能够体现“中国之治”的内核要素，另一方面这些要素能够以系统方式呈现推动首都治理体系和治理能力现代化。因此，要检验接诉即办改革是否符合“中国之治”逻辑，需要同时关注过程和结果，既要重视改革过程中是否体现了内核性和基础性要素，又要注重通过这些观点的引入是否取得了预期成果。接下来，我们将重点从内核要素出发，讨论接诉即办改革中蕴含的“中国之治”逻辑。

二、接诉即办符合党的领导逻辑

党的领导是“中国之治”的特色，也是其最根本性的内核，离开这一条就失去了对“中国之治”最关键特征的把握。“中国之治”作为一项治理人工品，党的领导至少充当了三重角色，即系统设计者、系统领导者和要素参与者。由于党自身就是一个复杂的子系统，这使得治理系统的自身治理更加复杂，党需要通过在自身治理的基础之上实现对治理系统的治理，并最终通过治理系统来解决治理问题。一方面，党的领导体现为整个治理系统的顶层设计，它需要明确不同治理主体之间的职责权限，并且为治理运行过程制定决策规则，为高效治理创造前提条件；

另一方面，党的领导体现为系统领导者角色，它需要带领和激励其他主体一起实现治理系统目标，党和其他治理主体之间是领导和被领导的关系，党和其他治理主体在系统规则之下共同行动。此外，党的领导还具体体现为要素参与者角色，它在系统之下的要素层面参与治理，需要自己承担治理职责，推动问题直接解决。在现实中，党的领导不断在系统和要素层面进行转换，党既需要在系统层面推动治理变革，又需要在要素层面直接参与治理，还需要通过与不同治理主体之间良性互动，以适应环境的挑战来实现预期治理目标。这也使得要对党的领导进行清晰识别，本身也是一项挑战。

接诉即办改革符合党的领导逻辑，它是一项党领导之下的首都治理体系和治理能力现代化的系统性变革。北京市委主要领导推动接诉即办改革，成立市委接诉即办改革专项领导小组，直接设计了以市民诉求驱动超大城市治理变革的系统，通过月度点评来激励治理主体各方回应市民诉求，并且通过加强基层党建来提升社区和街道回应市民诉求的能力。正是因为接诉即办是以市民诉求为基础撬动超大城市治理的系统性变革，所以具有系统性特征。接诉即办调动了市级部门、区、街道、乡镇、社区等不同层级和不同部门治理主体参与回应诉求，推动问题解决。在接诉即办改革中，北京市委领导除了在治理系统设计层面之外，还通过北京市委每月召开一次的区委书记或市直党组书记月度点评会实现直接领导。在月度点评会上，北京市委会公布市直部门、区级政府、街道乡镇的接诉即办排名，对排名靠前的进行表扬，对排名靠后的进行鞭策，对收到治理诉求多的街道乡镇进行挂牌督办。此外，北京市委组织部、市纪委、区委等各级党组织直接参与接诉即办改革，将各自职责与接诉即办进行联结，承担接诉即办系统要素参与者角色。越是在基层，党组织越是直接参与接诉即办改革，通过党建引领来形成治理合力，推动问题解决，提升市民的获得感、幸福感和安全感。

三、接诉即办遵循依法治国逻辑

2014年10月，党的十八届四中全会通过的《中共中央关于全面推进依法治国若干重大问题的决定》提出，依法治国，是坚持和发展中国特色社会主义的本质要求和重要保障，是实现国家治理体系和治理能力现代化的必然要求，事关我们党执政兴国，事关人民幸福安康，事关党和国家长治久安。由此可见，依法治国是“中国之治”的重要组成部分，也是其最显著的特征之一。2020年11月16日至17日，中央全面依法治国工作会议在北京召开，首次提出习近平法治思想，进一步明确了依法治国在“中国之治”的角色和地位。关于习近平法治思想，其核心就是习近平总书记精辟概括的“十一个坚持”：坚持党对全面依法治国的领导；坚持以人民为中心；坚持中国特色社会主义法治道路；坚持依宪治国、依宪执政；坚持在法治轨道上推进国家治理体系和治理能力现代化；坚持建设中国特色社会主义法治体系；坚持依法治国、依法执政、依法行政共同推进，法治国家、法治政府、法治社会一体建设；坚持全面推进科学立法、严格执法、公正司法、全民守法；坚持统筹推进国内法治和涉外法治；坚持建设德才兼备的高素质法治工作队伍；坚持抓住领导干部这个“关键少数”。在这“十一个坚持”中，“坚持在法治轨道上推进国家治理体系和治理能力现代化”直接是对法治与“中国之治”之间关系的讨论。

接诉即办改革最能够体现依法治国逻辑的是其将实践上升到法律层面，出台《北京市接诉即办工作条例》（以下简称《条例》），明确各方权利责任义务，让接诉即办有法可依。接诉即办改革作为一项超大城市治理的系统性变革，并没有先例可循，也没有上位法可以参考，它需要在城市治理中引入依法治国思想，实现超大城市治理的法治化。《条例》对接诉即办进行了定义，提出：“接诉即办工作，是指本市对自然人、法人或者其他组织（以下统称诉求人）提出的涉及本行政区域的咨询、求助、投诉、举报、建议等诉求给予快速响应、高效办理、及时反馈和主动治理的为民服务机制。”通过《条例》，诉求办理的流程得以规范，它主要包括全面接诉、分类处置、精准派单、限时办理、办理要求、回访考评、监督监察、诉求协调办理机制等环节。此外，《条例》还对主动治理、公众参与治理等进行了规定，实现了从“问题解决”到“主动治理、未诉先办”的转变，为首都超大城市治理体系和治理能力现代化提供了路径。正是在这个意义上，《条例》被称为“为民服务法”、“制度保障法”、“深化改革法”和“首都原创法”。

四、接诉即办践行人民民主逻辑

党的十九大报告提出：“发展社会主义民主政治就是要体现人民意志、保障人民权益、激发人民创造活力，用制度体系保证人民当家作主。”坚持党的领导、人民当家作主、依法治国有机统一，是社会主义政治发展的必然要求。由此可见，人民民主是“中国之治”的重要构成要素和典型特征，治理要实现让人民当家作主。对于人民当家作主而言，需要扩大人民有序政治参与，保证人民依法实行民主选举、民主协商、民主决策、民主管理、民主监督。人民代表大会制度是坚持党的领导、人民当家作主、依法治国有机统一的根本政治制度安排，更是人民当家作主的制度保障。在 2021 年 10 月 13 日和 14 日的中央人大工作会议上，习近平总书记进一步指出，党的十八大以来，我们深化对民主政治发展规律的认识，提出全过程人民民主的重大理念。我国全过程人民民主不仅有完整的制度程序，而且有完整的参与实践。我国全过程人民民主实现了过程民主和成果民主、程序民主和实质民主、直接民主和间接民主、人民民主和国家意志相统一，是全链条、全方位、全覆盖的民主，是最广泛、最真实、最管用的社会主义民主。这些论述表明，“中国之治”需要践行人民民主逻辑，通过实施全过程人民民主来保障人民当家作主。

接诉即办改革践行人民民主逻辑，既体现在接诉即办运行过程本身，又体现在《条例》的制定过程。接诉即办作为市民诉求驱动的超大城市治理变革，其最核心的特征是通过让民众提出诉求和回应民众诉求，提升治理的开放性和参与性，“推动政府公共服务供给模式从政府‘端菜’转变为群众‘点菜’”，这是治理民主的直接显现。各级政府通过不断回应民众诉求，积累问题解决经验，逐渐实现从被动回应诉求向主动回应诉求转变，在政策层面、制度层面、资源分配和规划出台等各方面倾听民意，真正在治理过程中践行全过程人民民主，实现人民当家作主的治理转型。与此同时，《条例》作为一部规范接诉即办运行过程的法律，其制定过程也体现了人民当家作主的思想，更是全过程人民民主在法律制定中的实践。在《条例》制定过程中，一审后，北京市人大通过全市人大代表之家和代表联络站平台征求了 11 377 名四级人大代表和 66 915 名基层工作人员、市民群众的意见。此外，北京市委主要领导和全市市级领导带头参与调研，针对《条例》中的关键条款和内容与市民群众进行面对面的沟通、对话和协商，以更好地凝聚立法共识。

五、接诉即办贯彻深化改革逻辑

2013 年 11 月，党的十八届三中全会通过的《中共中央关于全面深化改革若干重大问题的决定》指出，改革开放是党在新的时代条件下带领全国各族人民进行的新的伟大革命，是当代中国最鲜明的特色。全面深化改革成为治国理政中“四个全面”总体布局的重要组成部分，也是“中国之治”的主要构成要素。根据党的十八届三中全会的决议，全面深化改革的总目标是“完善和发展中国特色社会主义制度，推进国家治理体系和治理能力现代化”，需要注重改革的系统性、完整性、协同性，它是对市场经济、民主政治、先进文化、和谐社会、生态文明等各领域的全面改革。全面深化改革与“中国之治”之间是手段与目标的关系，它是达到“中国之治”所追求理想目标的关键路径。这意味着，“中国之治”需要通过全面深化改革来调整政府与市场之间的关系、政府与社会之间的关系，厘清不同治理主体之间的权责关系，通过政府自身改革来激发劳动、知识、技术、管理、资本的活力，发挥市场在资源配置中的决定性作用和更好发挥政府作用。从本质上看，全面深化改革是一场以政府为中心的治理改革，通过调整政府与不同治理主体、治理对象、治理范围之间的权责关系，最终实现通过政府改革来推动政治、经济、社会、文化、生态可持续发展。因此，“中国之治”需要通过深化改革来增加活力，以适应环境对治理的挑战，深化改革既是一个适应性过程，也是一个迭代更新过程。由于国际和国内环境一直处于变化之中，作为“中国之治”组成部分的全面深化改革便也需要持续不断推进。因此，对于“中国之治”而言，全面深化改革只有进行时，没有完成时。

接诉即办改革本身是全面深化改革的组成部分，改革是接诉即办的突出特色，而“深化改革法”也是《北京市接诉即办工作条例》的主要特征之一。为此，2021 年 1 月，市委全面深化改革委员会召开第十五次会议，决定成立北京市委接诉即办改革专项小组，进一步深化接诉即办改革，实现问题解决与深化改革同步推进。接诉即办改革专项小组的成立，标志着接诉即办进入新阶段，这也是落实“主动治理、未诉先办”的组织保障。正是在接诉即办改革专项小组成立之后，《2021 年“接诉即办”“每月一题”推动解决重点民生诉求工作计划》公布，基于 2020 年诉求大数据，提出了 12 类和 27 个具体问题，这些问题都被称为“难啃的骨头”。被纳入“每月一题”的问题有一个突出特点，要么是一些历史遗留问题如房产证办理，要么是一些新出现问题如预付费监管，要么是一些棘手难题如老旧小区改造等，这些问题的解决很多时候需要突破现有的制度和政策，或者需要建立新的制度和政策。这很显然不是传统行政治理范畴，要通过治理改革来寻找问题解决之道，否则会陷于

“无解”的境地。从某种程度上看，“每月一题”的提出，使得接诉即办改革色彩更浓厚，也更符合“中国之治”的深化改革逻辑。

六、接诉即办发挥两个积极性逻辑

“中国之治”在纵向维度看，其核心就是处理中央与地方的关系，发挥中央和地方两个积极性是“中国之治”的显著优势。任何治理只要存在层级性和层次性，就需要处理纵向治理关系，就存在子目标和总目标协调的问题，而中央与地方的关系是纵向治理关系的典型。中国治理变革其实是从处理中央与地方的关系开始，而带动地方积极性是改革的总体追求，也是改革取得成效的关键。为此，中央通过发包制、试点制、分权制、项目制等来明确地方政府职责边界，调动地方政府积极性，更好地使用地方知识，促进地方政府间竞争，鼓励地方政府创新，解决中央与地方之间面临的激励和信息问题，从而使得治理难题得以有效应对。但是，没有任何一种制度能够一劳永逸地解决中央与地方的关系问题，一种制度在解决问题的同时也可能创造新的问题。例如，地方政府间竞争有利于促进经济发展，但是也带来了重复建设、公共服务投入短视、不重视生态环境保护等问题，这就需要重新设计中央与地方关系，以实现新的目标。事实上，中央政府为了促进地方政府将更多注意力分配到环境保护上，已经在制度层面设计了中央环保督察组来监督地方政府行为，通过监督行为所产生的信号机制来促使地方政府行为改变。从某种程度上看，只有发挥好中央与地方两个积极性，才能够实现有效治理。

接诉即办改革吸收了“中国之治”中发挥两个积极性的传统，通过直接派单、“吹哨报到”和全治理主体参与等机制，重新调整市级不同治理主体之间的纵向治理关系，形成了重心下移、条块结合、各负其责的超大城市纵向治理体制。接诉即办改革的一个非常重要的内容是从分散受理诉求向集中统一受理诉求转变，这是多层级政府与民众之间关系的调整。“一号响应”可以避免不同层级政府和部门之间推诿，让政府在受理市民诉求之后实现内部流转，减少市民的行政负担。为了让治理问题与治理单元之间直接匹配，接诉即办改变了传统的层级派单方式，在权责明确的前提之下，通过直接派单到街道乡镇、市直部门、区政府等以提高治理效率。直接派单过程必然会对政府权责清单有较高要求，这又会推动政府职责边界清晰化，以明确不同层级和政府部门对于公共事务治理的责任。除了通过直接派单调整纵向治理关系，接诉即办改革还重新激活了吹哨报到改革，让吹哨报到作为一种赋权街道乡镇进行条块整合的机制，实现了不同层级和不同类型部门共同解决问题的目标。在进行直接派单和“吹哨报到”的过程中，接诉即办改革也起到了让不同层级政府和部门直接面向民众诉求，直接解决问题，通过推动全治理主体参与接诉即办来提升诉求解决水平和质量的效果。此外，接诉即办还十分重视京津冀横向协同，以及中央单位与北京市之间的纵向协同，这些也是发挥中央与地方两个积极性的体现。

七、接诉即办推行共建共治逻辑

“中国之治”在横向维度上看，其核心是处理国家与社会的关系，寻找各自的职责边界以及有效互动模式，建构社会治理共同体。2019年10月31日，党的十九届四中全会通过的《中共中央关于坚持和完善中国特色社会主义制度 推进国家治理体系和治理能力现代化若干重大问题的决定》中指出：“必须加强和创新社会治理，完善党委领导、政府负责、民主协商、社会协同、公众参与、法治保障、科技支撑的社会治理体系，建设人人有责、人人尽责、人人享有的社会治理共同体，确保人民安居乐业、社会安定有序，建设更高水平的平安中国。”这为建设共建共治共享的社会治理制度指明了方向。党的领导贯穿始终，社会治理也不例外，这里重点强调的是国家与社会之间的协同与合作。“中国之治”的共建共治共享逻辑意味着政府并非大包大揽、承担无限责任，而是通过自治、法治和德治相统一实现社会治理。这意味着，有一部分职责需要由居民自身承担，还有一部分职责需要政府承担，而大量职责需要政府与居民通过协商、对话和共同行动来解决。无论是在农村推行村民自治，还是在城市推行社区自治，都是希望激发民众的内生力量和活力，实现民主选举、民主决策、民主管理、民主监督，以及自我管理、自我教育、自我服务，促进他们通过自主治理来解决面临的集体行动困境。在厘清政府职责和居民自治边界的前提之下，政府与社会如何通过共建共治来实现共享就成为社会治理面临的核心挑战，这也是“中国之治”的应有之义。

接诉即办改革非常重视在回应民众诉求中推行共建共治共享的逻辑，依靠共建共治共享实现“小事不出社区，大事不出街道乡镇”。《条例》非常重视共建共治共享逻辑的使用，第六条规定：“市、区人民政府和有关部门应当采取措施、畅通渠道，支持和引导人民团体，行业协会商会、公益慈善、城乡社区服务等社会组织，企事业单位等社会力量和公众参与诉求办理和社会治理。”此外，接诉即办改革还特别重视社区的自治功能，《条例》第二十七条规定：“居民委员会、村民委员会应当积极履行基层自治职能，创新工作方法，发挥社区议事会议、业主委员会、物业管理委员会等的作用，及时了解、反映居（村）民需求，组织居（村）民参与社区治理。”一些区级政府在开展接诉即办改革时，就认识到共建共治共享的重要性，如大兴区提出“合理诉求上门办、不合理诉求上门劝、咨询建议上门谈”的“三上门”工作方法。事实上，由于诉求和问题的复杂性，使得其很难通过单一主体和单一力量推动解决，需要依靠治理合力。很显然，接诉即办改革并非政府包办一切居民诉求和单独进行问题解决，相反，是要在问题解决时推进共建共治共享，只有这样社会治理才具有可持续性。

八、接诉即办体现人民至上逻辑

人民至上是“中国之治”的最本质特征之一，也是衡量治理成效的最主要标准。2021 年 11 月，党的十九届六中全会发布的《中共中央关于党的百年奋斗重大成就和历史经验的决议》指出，“坚持人民至上”是党百年奋斗的历史经验。《决议》进一步强调，江山就是人民、人民就是江山，坚持一切为了人民、一切依靠人民，坚持为人民执政、靠人民执政，坚持发展为了人民、发展依靠人民、发展成果由人民共享。从这些论述可以看出，作为“中国之治”构成要素的人民至上，其核心理念是治理的目标与手段在人民至上方面实现统一。人民至上作为治理目标，意味着“中国之治”就是要追求为人民谋幸福，实现以人民为中心的发展。而人民至上作为治理手段，意味着整个治理过程中都需要“人民在场”，这也是人民当家作主的内涵。当然，作为治理手段的人民至上比人民当家作主的范畴更广泛，除了在政治方面实现人民当家作主之外，还需要在所有其他方面都能够实现人民至上。当前，作为治理手段的人民至上的一个最为直接的举措就是改善民生，围绕着人民的需求供给公共服务，促进公共服务均等化。此外，作为治理手段的人民至上还需要将人民诉求、人民参与、人民评价等引入，让整个治理过程都体现人民性。由此可见，“中国之治”的人民至上是一个包含丰富治理内涵的理念和要素，它需要在实际治理实践中不断完善。

接诉即办改革体现了人民至上的逻辑和以人民为中心的发展思想，更是在超大城市践行“人民城市人民建，人民城市为人民”的生动实践。接诉即办以回应市民诉求为一切问题的出发点和落脚点，这本身就是人民至上的直接体现。人民至上不是抽象的概念，它是对党的群众路线的再表述和再升华，需要体现在具体的治理场景中。很显然，接诉即办抓住了市民诉求这一重要的治理场景，并以此为基础撬动整个超大城市治理体系的系统变革，实现以人民为中心的超大城市治理。接诉即办在回应诉求之外，还将诉求办理和问题解决的好与坏的评价权还给民众，通过设立面向人民的响应率、解决率和满意率等主观指标来衡量成效，这是治理过程的人民至上。此外，接诉即办改革还构造了围绕市民诉求所形成的“七有”“五性”指标体系来衡量不同地区的民生水平，希望通过绩效指标来促进民生改善，从而提升民众的获得感、幸福感和安全感。这里的“七有”是指“幼有所育、学有所教、劳有所得、病有所医、老有所养、住有所居、弱有所扶”，“五性”是指反映市民需求的便利性、宜居性、多样性、公正性、安全性五个方面，前者是在党的十九大报告中首次提出的，后者是北京市政府专门提出的。随着接诉即办改革的持续深化，人民至上会成为首都超大城市治理的理念、目标和运行方式。

九、接诉即办贯彻自我革命逻辑

自我革命是“中国之治”能够具备活力和持续性的关键因素，也是其鲜明的底色。全面从严治党是自我革命的表现形式，也是推动自我革命的发动机。针对自我革命，2021 年 7 月 1 日，习近平总书记在庆祝中国共产党成立 100 周年大会上的讲话中指出：“新的征程上，我们要牢记打铁必须自身硬的道理，增强全面从严治党永远在路上的政治自觉，以党的政治建设为统领，继续推进新时代党的建设新的伟大工程，不断严密党的组织体系，着力建设德才兼备的高素质干部队伍，坚定不移推进党风廉政建设和反腐败斗争，坚决清除一切损害党的先进性和纯洁性的因素，清除一切侵蚀党的健康肌体的病毒，确保党不变质、不变色、不变味，确保党在新时代坚持和发展中国特色社会主义的历史进程中始终成为坚强领导核心！”“打铁必须自身硬”是对自我革命的最好概括，它深刻阐述了自我革命和社会革命之间的关系，“中国之治”需要通过自我革命来保障社会革命。自我革命的本质是对权力进行监督和制约，让权力为人民谋幸福，解决政治历史周期率问题，真正做到“权为民所用，情为民所系，利为民所谋”。自我革命也是共产党百年奋斗的基本经验之一，其核心是“消除一切损害党的先进性和纯洁性的因素，清除一切侵蚀党的健康肌体的病毒”，举措是“思想从严、监督从严、执纪从严、治吏从严、作风从严、反腐从严”，最终为“中国之治”保驾护航。因此，只有不断推进自我革命，才能够保证“中国之治”的价值取向不偏离正确的航线，避免拥有公权力的人员谋取个人私利。所有的治理主体都需要有自我革命的勇气，都需要不断让权力在正确轨道上运行。中央纪委和国家监委是推进自我革命的专门性组织，通过行使监督职能和建立不敢腐、不能腐、不想腐的监督体系来完成自我革命的目标。

接诉即办对自我革命逻辑的贯彻，体现在政府和民众关系调整、专门监督职责行使和服务型政府建立等不同方面。接诉即办从表面上看是回应民众诉求，从根本上看是重新调整政府和民众之间的权力关系，回归人民公仆的本位，这其实就是政府自身的自我革命。在接诉即办推行之前，政府对于民众的诉求拥有选择权，是否办以及办得程度如何，都缺乏一套监督和监管体系。而随着接诉即办改革的推行，政府对民众诉求的回应从一道选答题转化为一道必答题，并且还需要由民众来评阅，真正践行“时代是出卷人，我们是答卷人，人民是阅卷人”的治理理念，这也与中国共产党的“赶考精神”一脉相承。为了保障政府和民众关系调整到位，促使各级治理主体有效和有温度地回应市民诉求，北京市纪委还成立了针对接诉即办的专项监督小组，从监督方面来推动诉求高质量办理。从北京市纪委 2020 年 11 月公布的数据看，北京市各级纪检监察机关聚焦办理群众诉求态度恶劣、作风粗暴，假办理、假作为、假履职，整改不力、未见实效等 12 类问题，1 月至 10 月共发现问题线索 1 032 个，组织处理 448 人，给予党纪政务处分 7 人，下发纪律检查建议书、监察建议书、提醒函 102 份。无论是政府和民众关系调整，还是专门监督职能行使，其最终目的都是为了建设人民满意的服务型政府。从这个意义上看，接诉即办改革也是一条建设人民满意的服务型政府的有效路径。

第九章
接诉即办的人民政绩观

2022年3月，习近平总书记在春季学期中央党校（国家行政学院）中青年干部培训班上指出：树立和践行正确政绩观，起决定性作用的是党性。只有党性坚强、摒弃私心杂念，才能保证政绩观不出偏差。共产党人必须牢记，为民造福是最大政绩。这是习近平总书记再次对正确政绩观进行系统阐述，树立正确政绩观是国家治理体系和治理能力现代化的应有之义，为规范干部行为和推动各项改革提供了根本遵循。

北京市接诉即办改革是践行正确政绩观的有益尝试，它将正确政绩观的理念贯彻于改革的各个环节和过程，让各级领导干部在改革实践中涵养正确的政绩观，真正实现正确政绩观的知行合一。接诉即办改革由于坚持“民有所呼、我有所应”，坚持到基层一线解决问题，坚持“主动治理、未诉先办”，我们可以将其所坚守的正确政绩观称为“人民政绩观”。从治理哲学的视角看，接诉即办的人民政绩观创造性地回答了政绩观的三个核心议题：（1）政绩观的本体论，即人民政绩观的内涵是什么。接诉即办将为民造福作为主要政绩，强调为民服务的理念，坚持以人民为中心的发展思想。（2）政绩观的认识论，即为什么选择人民政绩观。接诉即办将为民造福和为民服务与党的初心和使命、社会主义的特征等联系在一起，突出了人民政绩观的合法性和正当性。（3）政绩观的方法论，即如何将人民政绩观从理念转化为实践。接诉即办以12345市民服务热线为主渠道，收集民众诉求，通过“吹哨报到”和

“主动治理、未诉先办”，实现诉求受理、办理和反馈的高效、及时和管用。

一、从政绩观的视角理解接诉即办改革

政绩观通常是领导干部和公务人员对于自己在从事公共管理活动中应该追求什么、实现什么样的目标以及通过何种方式来实现的态度、观念和看法。一般而言，政绩观会与权力观、事业观有紧密联系，也会受到世界观、人生观和价值观的影响。2021 年 3 月，习近平总书记在春季学期中央党校（国家行政学院）中青年干部培训班上指出：要深入学习党的理论创新成果，前后贯通学、及时跟进学，运用党的科学理论优化思想方法，解决思想困惑，检视自身思想作风和精神状态，牢固树立正确的世界观、人生观、价值观和权力观、政绩观、事业观，使自己的思维方式和精神世界更好适应事业发展需要。由此可见，政绩观属于观念层面和认识层面的内容，它对于决定各级领导干部的行为具有统领性作用。如果没有正确政绩观指导，很多干部和官员可能为了自身利益追求“形象工程”和“政绩工程”，损害党和国家的事业发展，不利于国家的长治久安。

政绩观是引导和激励官员行为的深层动因，一旦形成很难改变。错误政绩观会让人民利益受损，不利于党和国家事业发展。对于政绩，顾名思义就是施政的成绩。因此，政绩至少包含三个方面的内容，施政的行为、绩效和判断。这意味着政绩是对官员施政行为和绩效的价值判断，它是主观价值作用于客观现象的产物。政绩观则是施政者本人对于施政行为和绩效的主观感知，它是个人的自我价值判断。对于政绩观进行再判断和再评价，就会形成有关正确政绩观和错误政绩观的看法，这种判断过程是对政绩观的再建构过程。政绩观会影响施政行为和绩效，随着外界对施政行为和绩效的再评价以及给予奖励和惩罚，这种反馈过

程会进一步影响政绩观，这是一个从观念到实践，再从实践到观念循环往复的过程。

从治理哲学的视角看，政绩观至少包括是什么（本体论）、为什么（认识论）和怎么样（方法论）等三方面内容。政绩观的本体论主要解决政绩是什么的问题，其核心至少包含政绩的内容和目标两个方面。政绩观首先需要回答追求什么样的政绩，以什么作为施政的方向，按照什么标准来评价施政行为和绩效。政绩观的认识论主要解决为什么要追求这样的政绩，它是一个对所追求政绩内容和目标寻找合法性的过程，这也是自我论证的过程。政绩观的方法论主要解决通过什么手段和方式来实现其所追求的政绩内容和目标，方法是从观念到实践的桥梁。在政绩观的本体论、认识论和方法论中，政绩观的本体论又具有根本性作用，它决定了前进的方向。不同的政绩观是对这些不同问题的系统回答，也成为指导不同官员行为的政绩哲学。

对于中国共产党而言，正确政绩观就是人民政绩观，需要围绕人民需求来建构自身的政绩观，通过施政行为来让人民生活幸福（见表9-1）。习近平总书记关于正确政绩观的论述，系统地回答了人民政绩观的本体论、认知论和方法论。2022年3月，习近平总书记在春季学期中央党校（国家行政学院）中青年干部培训班上指出：树立和践行正确政绩观，起决定性作用的是党性。只有党性坚强、摒弃私心杂念，才能保证政绩观不出偏差。共产党人必须牢记，为民造福是最大政绩。我们谋划推进工作，一定要坚持全心全意为人民服务的根本宗旨，坚持以人民为中心的发展思想，坚持发展为了人民、发展依靠人民、发展成果由人民共享，把好事实事做到群众心坎上。什么是好事实事，要从群众切身需要来考量，不能主观臆断，不能简单化、片面化。哪里有人民需要，哪里就能做出好事实事，哪里就能创造业绩。业绩好不好，要看群众实际感受，由群众来评判。有些事情是不是好事实事，不能只看群众眼前的需求，还要看是否会有后遗症，是否会“解决一个问题，留下十个遗憾”。从表 9-1 可以看出，人民政绩观构成了中国共产党治国理政所形成的政绩哲学，只有坚守这一政绩哲学，才能够实现中国共产党的初心和使命。

表 9-1　接诉即办的人民政绩观

政绩观的要素	人民政绩观
政绩观的本体论（是什么） —政绩的内容 —政绩的目标	为民造福 为人民服务 以人民为中心
政绩观的认识论（为什么） —政绩的理由 —政绩的依据	党性原则 政权性质 社会性质
政绩观的方法论（怎么样） —政绩的手段 —政绩的方式	群众需求 群众评判 长期主义

结合政绩观的哲学分析，我们认为接诉即办改革很好地将人民政绩观从理念转化为行动，正在重新塑造首都各级治理主体的观念、认知和态度，对超大城市治理体系的行为和绩效产生了广泛深远影响。接下来，我们将系统阐述接诉即办改革何以践行人民政绩观，并且重点讨论将人民政绩观转化为实践的行动路径。

二、人民政绩观的本体论：接诉即办的内容和目标

政绩观的本体论讨论以什么作为政绩，这是对政绩所指称的对象和内容进行探讨。只要有施政行为，就会有政绩观。有官员在从事公共管理活动时，可能会将个人利益作为主要追求目标，将是否对个人有利作为衡量标准，这会违背公共价值和公共利益。当然，有官员在从事公共管理活动时，可能会将某一群体、团队、组织和阶级的利益作为主要追求目标，将是否对团体有利作为衡量标准，这也会违背公

共价值和公共利益。即便有官员声称他们具有公共服务动机，以公共价值和公共利益作为主要追求目标和政绩衡量标准，也会在对什么事项应该给予优先性方面存在分歧。是应该优先发展经济还是应该从事环境保护，是应该重视短期利益还是应该重视长期利益，是应该重视当代人利益还是应该重视未来人利益，是应该追求经济利益还是应该追求社会利益，不同维度和不同程度的价值追求会存在冲突与分歧。由此可见，政绩观既是一种价值注意力分配的过程，又是一种价值优先排序的过程。更为棘手的是，政绩观是一种价值陈述，还存在知和行不一致的问题，即宣示的政绩观和遵循的政绩观可能不一致。正如孔子所言："始吾于人也，听其言而信其行；今吾于人也，听其言而观其行。"从这个意义上看，政绩观更需要言行合一，言行合一才有价值。当能够发挥作用时，政绩观很可能会成为一种言说行为（speech act）。作为一种言说行为的政绩观，具有宣示性功能、指导性功能、价值性功能和内在激励功能。

人民政绩观强调以人民为本建构政绩观，为民造福是内核，行为和绩效是表现形式。对于人民政绩观而言，它要求在政绩观中"找回人民"，让人民成为政绩观中最重要的元素，一切政绩都需要有人民的烙印。从人民政绩观的内容看，其主要突出为人民服务，重点在民生保障方面下功夫，切实让人民拥有获得感、幸福感和安全感。人民政绩观强调政绩需要依靠人民需求的优先性重新构造政绩等级体系，根据人民偏好从事不同的公共管理活动，提供不同的公共服务，最终达到让人民生活幸福的目的。从人民政绩观的目标看，其主要强调以人民为中心，要求"发展为了人民、发展依靠人民、发展成果由人民共享"，人民的主体性、参与性和收获性是核心。无论是经济建设，还是社会治理，最终目标都是为了满足人的需求。只有从这个意义上去开展各种公共管理活动，才是坚持人民政绩观。否则，有可能本末倒置，导致人民只是官员晋升的手段而非目的，创造很多"面子工程""形象工程"等"政绩工程”，这就是政绩观的异化。只有树立了人民政绩观，才会有“功成不必在我”的精神境界和“功成必定有我”的历史担当。

接诉即办改革就是按照人民政绩观的理念来推动，它将政府注意力重新分配到民众的诉求、需求和建议上，并且通过完善流程、程序和制度来促使各级治理主体通过倾听民意、回应诉求和实现问题解决，从而让人民生活幸福。为了更好地倾听民意和及时回应群众需求，接诉即办改革重新激活了 12345 市民服务热线，并以其为主渠道，形成了一个政府与民众之间进行诉求沟通的平台，这为问题发现和问题解决提供了可能性。正是因为以人民政绩观为价值追求，各级治理主体才会认真对待诉求，并且与民众一道来推动问题解决。事实上，民众的诉求和问题是无穷无尽的，原有的诉求和问题解决之后，会产生新的诉求和问题。与此同时，随着民众对政府的期望提升，此前没成为诉求和问题的事项，有可能成为诉求和问题。这意味着，回应民众诉求和促进问题解决是一项非常困难的治理任务。此外，这些诉求回应和问题解决很可能并不能够产生具有宏大叙事效应的政绩，这使得其常常会被忽略，不会成为政绩观的内容和构成要素。正是因为树立了以人民为中心和为人民服务的人民政绩观，北京市才会启动接诉即办改革，认真对待诉求、建议和问题，并且将之作为最大的政绩。正是政绩观的转变和人民政绩观的确立，才使得接诉即办改革获得新的生命力，避免了诉求办理的形式主义和官僚主义，切实践行了人民至上的理念。简言之，没有人民政绩观，就不会有接诉即办改革。接诉即办改革也成为实现人民政绩观的重要“抓手”，通过接诉即办改革全方位推动治理变革，推动实现以人民政绩观为主导的超大城市治理体系和治理能力现代化。

三、人民政绩观的认识论：接诉即办的理由和依据

政绩观的认识论主要讨论为什么以这种或者那种政绩作为追求目

标，它为政绩对象选择提供合法性和正当性基础。从这个意义上看，政绩合法性和正当性的讨论往往与政治和政权合法性和正当性紧密联系在一起，这主要是因为任何政治和政权都需要通过政绩来展现其存在的理由和依据。一旦政绩观确定了将何种政绩作为施政方向和追求目标，为了让所有人员都能够共同行动，就需要对政绩进行逻辑论证，让所有领导干部和公职人员能够自觉接受所主张的政绩观，并且按照政绩观来规范自身行动。从这个意义上看，政绩观既是一个自上而下的过程，也是一个自下而上的过程，它是个人和组织相结合的产物。究其原因，政绩最终需要每一个官员去行动，而整个组织又需要通过规范官员的政绩行为来实施自身施政目标。很多时候，在行为监管比较困难和存在自主性的前提下，通过观念规范来实现共识进而改变行为就显得非常重要。作为一种认知选择，政绩观对官员行为具有重要影响。对于政绩观的论证，通常需要借助世界观、人生观和价值观。简言之，政绩观是哲学理论和伦理理论在治理实践中的应用。当然，政绩观的论证也会受到反馈结果的影响，即按照一种政绩观从事公共管理活动，是否取得了预期的效果，这直接会重新证实或证伪政绩观。当然，有时施政结果会受到各种因素影响，政绩观只是一种影响因素，这也使得对政绩观自身合法性和正当性的论证显得尤其重要。

人民政绩观作为一种政绩观的认知选择，它是由中国共产党的性质、中国的国体和政体以及中国经济社会发展阶段决定的。《中国共产党章程》开宗明义指出：中国共产党是中国工人阶级的先锋队，同时是中国人民和中华民族的先锋队，是中国特色社会主义事业的领导核心，代表中国先进生产力的发展要求，代表中国先进文化的前进方向，代表中国最广大人民的根本利益。党的性质决定了党的宗旨，全心全意为人民服务是党的宗旨。这就意味着，中国共产党作为执政党，没有自身的特殊利益，一切都是为了人民的利益。《宪法》第一条对国体进行规定：中华人民共和国是工人阶级领导的、以工农联盟为基础的人民民主专政的社会主义国家。《宪法》第二条对政体进行规定：中华人民共和国的一切权力属于人民。人民行使国家权力的机关是全国人民代表大会和各级人民代表大会。无论是国体，还是政体，都要求把人民放在最重要的位置。这也使得人民政绩观成为题中应有之义，是国体和政体逻辑的自然延伸。与此同时，当前中国社会的主要矛盾发生变化，我们面临着人民日益增长的美好生活需要和不平衡不充分的发展之间的矛盾。为了实现让人民生活幸福的奋斗目标，各级治理主体更需要树立和践行人民政绩观。

接诉即办改革过程是政绩观范式变迁的产物，正是因为坚定了人民政绩观的认知选择，才使得该项改革的决策者能够坚守改革，并且克服改革中存在的问题，持续推进改革。接诉即办改革要取得成功，不能一蹴而就，需要决策者在应对和处理诉求的过程中，不断对其所坚守的人民政绩观进行反思，在反思中坚守人民政绩观，从而使得人民政绩观成为一种行动自觉和文化习惯。从这个意义上看，接诉即办改革始于人民政绩观的政绩观范式变迁，而其成功实践则有赖于在实践中对人民政绩观的坚持。很多时候，一些市民的诉求可能无理，但是面对考核的压力，各级官员又需要应对，这时有可能会对这些工作及其背后的政绩观有所动摇。越是遇到困难，越是需要通过创新办法来解决棘手难题，从而更进一步坚定人民政绩观的合法性和正当性。事实上，接诉即办改革实施以来，无论是人民的满意率还是问题解决率都不断上升，这正是民众对它认可的体现，更是人民政绩观有效性的体现。接诉即办改革以践行人民政绩观作为合法性和正当性基础，就需要在实践中回应挑战，进一步提升民众对人民政绩观的认可度和信任度。

四、人民政绩观的方法论：接诉即办的手段和方式

人民政绩观的方法论主要探讨人民政绩实现的手段和方式。手段和

方式是理念和目标转化为行动的路径，是治理主体从事公共管理活动时的“工具箱”。方法论是关于方法的方法，是产生方法的方法。中国古人很早就认识到，“工欲善其事，必先利其器”。从决策理论的视角看，方法是实现目标的手段和方式。中国在治国理政的实践中形成了很多有关治理方法论的思考，如“一张蓝图绘到底”“系统集成”“系统谋划、统筹推进”“试点”“群众路线”“枫桥经验”“项目制、清单制”“系统方法”“表彰和奖励”“典型”“五年规划”“考察调研”“联席会议制度”“工作专班”“集体决策”“目标责任制”“现场工作会”“督查”等，这些治理方法论和治理方法为推进国家治理体系和治理能力现代化提供了方法保障。对于如何实现人民政绩观，应该掌握什么样的方法论，采用何种方法，中国也一直在进行探索。习近平总书记在关于树立和践行正确政绩观理念的论述中，也多次探讨了实现人民政绩的“桥”和“路”的问题，他重点讨论了从群体需求出发、让群众参与评判和注重长期利益等方法。应该说，北京市的接诉即办改革，不仅仅在于坚守人民政绩观，更重要的是创造了一些实现人民政绩观的可复制、可推广的典型方法，并且形成了将人民政绩观转化为行动的系统方法，也在方法论层面进行了一些有益探索。

接诉即办改革以 12345 市民服务热线为主渠道，通过整合电话、网络、媒体等各个渠道的信息来源，实现了民众诉求的“一号响应”，找到了人民政绩观中从群众问题和需求出发的方法。要遵循人民政绩观，关键是要从人民需求、问题和建议出发，而不是从领导者的个人想法出发，这就要求政府官员当好“小学生”，认真倾听民意、民情和民声，实现“圣人无常心，以百姓心为心”。很多时候，民众找不到渠道向政府反映自身的问题和诉求，或者说需要承担较高的“行政负担”才能够达到目标，甚至需要付出一定的代价才能够引起政府的注意力分配。接诉即办改革就是“问需于民”，让群众把自身的所思、所想、所求通过正式合法渠道对政府提出，政府随后根据政策、法律、法规等进行研究，在回应和办理诉求中实现让人民生活幸福。在很多时候，随着专业化分工和公共事务日益复杂化，拥有专业知识和复杂技能的官员和政府部门有时会存在“知识偏见”和“专业偏见”，看不起老百姓，认为他们没有文化，提出的很多想法和建议属于“外行”，久而久之会导致公共管理异化，脱离公共追求。公共管理一旦没有了“人民”，自然会成为“工具型公共管理”。这里的“工具型公共管理”意味着只考虑上面的政策、法规、要求和程序，而不考虑民众需求，不从老百姓的便利出发，不愿意承担一点点责任，也不愿意付出一点点努力，这样的公共管理没有温度，更不会让百姓满意。因此，接诉即办改革是从倾听民意和回应诉求出发，重新让各级官员和政府部门在公共管理中“找回人民”、“找回情感”和“找回温度”，建立有情感、有温度和有良心的公共管理，这才能真正提升人民幸福感。

接诉即办改革通过深化“吹哨报到”、到一线解决问题和对基层赋能，实现了民众诉求和问题与治理单位的有效匹配，以及把问题化解在基层，找到了人民政绩观中解决问题的方法。公共管理要围绕人民转，围绕问题转，就需要在有人民的地方和有问题的地方配置资源。但是，现实中，我们的资源配置是呈金字塔结构，越是人民多的地方，配置资源往往就越少。人民在基层，人民在社区，资源就需要往基层和社区配置。北京市委常委会在召开务虚会议时，指出：“北京是个大基层，各级都要当好施工队长。”这既是治理认识论的转变，也是治理方法论的转变。接诉即办改革是“吹哨报到”的延伸，其关键在于它将哨声源从街道乡镇转化为民众。与此同时，接诉即办改革也充分发挥“吹哨报到”机制整合条块的作用，实现问题空间与治理单位的匹配，让基层事情“看得见，有人管，管得好”。北京市接诉即办改革在将诉求直接派给街道、乡镇实现北京市委、市政府下管一级的同时，也让各级治理主体面对群众诉求，到基层一线去解决问题，避免“属地管理”带来的责任规避，实现基层治理的齐抓共管。在推进接诉即办改革的进程中，北京市委市政府也认识到基层是群众诉求的第一回应人，是国家治理的“最后一公里”，于是采取了赋权、下沉和增能等方法来提升基层治理能力，使得基层有资源和有能力来回应群众诉求和解决问题，这为人民政绩观的实现提供了组织、资源和制度保障。

接诉即办改革在解决一件件诉求的同时，非常重视民众的“长远利益”，按照长期主义逻辑思考，通过推出聚焦“七有”“五性”民生需求、“每月一题”、“网格＋热线”、“区域集中整治”等措施来实现短期利益和长期利益的有效平衡，真正实现以接诉即办为牵引的超大城市治理“首都样板”。接诉即办改革在践行人民政绩观的过程中，绝不是头痛医头、脚痛医脚，而是善于从具体到抽象、从一般到普遍、从个体到总体的转化，从中寻找出当前群众面临的普遍性和共性问题集中解决，并且开始采取前瞻性举措避免问题产生，做到“主动治理、未诉先办”，以钉钉子精神持续推进，切实从系统上改善治理，提升民众的获得感、幸福感和安全感。在接诉即办改革中，北京市始终重视将民众诉求与“七有”“五性”民生需求联系在一起，认为民众诉求主要集中在这些领域，需要在民生治理领域不断改革来回应民众对美好生活的期望。“每月一题”更是基于接诉即办上一年的民生大数据，通过“算法模型”算出民生的可能难点问题，并通过集体讨论和反复征求意见，形成下一年需要重点解决的难点，让市委市政府领导牵头办理，目前也形成了“一方案三清单”的工作机制，这是从长远来提升人民生活幸福感的尝试。更为重要的是，北京市通过接诉即办改革，迫使很多政府部门在制定政策时，设想“市民在场”的情景，避免了制度和政策制定脱离民众需求，让制度和政策更接地气。为此，北京市很多部门开展“局处长走流程”，这些都是接诉即办改革带来的工作作风转变。

从这个意义看，北京市接诉即办改革在实现人民政绩观的方法论上进行了一系列探讨，形成了将回应市民诉求、解决问题、主动治理以及推进超大城市治理体系和治理能力现代化的系统方法论，为超大城市治理开启了新路。正如北京市委主要领导所言，接诉即办只有进行时，没有完成时，“为民服务”永远在路上，“赶考”是中国共产党长期执政的永恒主题。人民政绩观需要长期坚守，实现人民政绩观的方法与手段需要随着环境与时代变化而不断进行调适。

第十章

接诉即办的全过程人民民主观

党的二十大报告指出:“人民民主是社会主义的生命,是全面建设社会主义现代化国家的应有之义。全过程人民民主是社会主义民主政治的本质属性,是最广泛、最真实、最管用的民主。”全过程人民民主是中国特色社会主义政治道路的重大创新,它将党的领导、人民当家作主、依法治国有机统一,既能充分体现人民意志、保障人民权益、激发人民创造活力,又能切实实现人民主体地位、以人民为中心和人民当家作主,让人民生活幸福。

北京市接诉即办改革是践行全过程人民民主的生动实践,它也是全过程人民民主在超大城市治理场景的典型样本。厘清接诉即办改革中所蕴含的全过程人民民主观,既可以丰富全过程人民民主的内涵与外延,又可以更加坚定地继续沿着这条路走下去。接诉即办改革与全过程人民民主观具有内在契合性,并且实现了创造性发展,主要体现在如下五个方面:(1)接诉即办改革通过治理民主实现全过程人民民主;(2)接诉即办改革通过基层民主实现全过程人民民主;(3)接诉即办改革通过立法民主实现全过程人民民主;(4)接诉即办改革通过民主监督实现全过程人民民主;(5)接诉即办改革通过让人民生活幸福实现全过程人民民主。

一、从全过程人民民主的视角理解接诉即办改革

对于北京市接诉即办改革的理解，可以有多个视角，民主政治是一个新的维度。一切治理都具有政治性，这使得作为治理改革的接诉即办也具有政治性。北京市接诉即办改革在中国社会主义民主政治的场景之下运行，这使得它不可避免地会受到作为制度背景的民主政治影响。简言之，接诉即办改革有可能包含民主政治的基因，它是民主政治在超大城市治理场域的实践。反过来，北京市接诉即办改革既会丰富民主政治的内涵，即增加社会主义民主政治的多样性，也会检验社会主义民主政治的合法性和有效性。党的十八大以来，中国共产党深化对民主政治发展规律的认识，提出“全过程人民民主”的重大理念。基于民主政治的视角，全过程人民民主为理解北京市接诉即办改革提供了新的参照系，它可以加深我们对接诉即办改革的理解和认识，也会为进一步推进接诉即办改革提供指引。

“全过程人民民主”的提出并非一蹴而就，它是一个逐步完善和发展的过程。2019 年 11 月，习近平总书记在上海虹桥街道考察全国人大常委会法工委基层立法联系点时深刻指出：“我们走的是一条中国特色社会主义政治发展道路，人民民主是一种全过程的民主。”2021 年 7 月 1 日，习近平总书记在庆祝中国共产党成立 100 周年大会上强调要“践行以人民为中心的发展思想，发展全过程人民民主”。2021 年 10 月，习近平总书记在中央人大工作会议上对全过程人民民主重大理念和实践要求做出系统精辟的阐述，他指出：“我国全过程人民民主实现了过程民主和成果民主、程序民主和实质民主、直接民主和间接民主、人民民主和国家意志相统一，是全链条、全方位、全覆盖的民主，是最广泛、最真实、最管用的社会主义民主。我们要继续推进全过程人民民主建设，把人民当家作主具体地、现实地体现到党治国理政的政策措施上来，具体地、现实地体现到党和国家机关各个方面各个层级工作上来，

具体地、现实地体现到实现人民对美好生活向往的工作上来。”这说明，全过程人民民主需要在治国理政的实践中贯彻，最根本的还是要在党的领导下实现手段和目的的有机统一。

北京市接诉即办改革遵循全过程人民民主的理念，其关键还是在治理过程、立法过程、监督过程和治理结果等各个方面与全过程人民民主逻辑具有契合性，使得全链条、全方位、全覆盖的民主理念得以体现，最广泛、最真实、最管用的社会主义民主得以实现。北京市接诉即办改革是党建引领超大城市治理的实践，它涉及政治过程、治理过程、立法过程和社会过程等各个场域，每一个场域都可以贯彻全过程人民民主的理念。对于接诉即办改革与全过程人民民主之间的一致性，可以从全过程人民民主的过程和结果两个方面进行阐述（见表10-1）。过程维度强调接诉即办改革的运行过程体现了全过程人民民主的理念，结果维度强调接诉即办改革的效果符合了全过程人民民主的预期。

表 10-1　北京市接诉即办改革的全过程人民民主观

作为过程的全过程人民民主 （全链条、全方位、全覆盖的民主）	作为结果的全过程人民民主 （最广泛、最真实、最管用的民主）
治理民主（诉求回应、合作生产） 基层民主（居民议事、民主协商） 立法民主（开门立法、民间征集） 民主监督（倾听民意、市民评价）	人民当家作主 让人民生活幸福 获得感、幸福感、安全感

二、接诉即办改革通过治理民主实现全过程人民民主

全过程人民民主的理念与治理实践相结合，就会形成治理民主。政治与行政一直是公共管理学的研究主题，伍德罗·威尔逊提出的政治与行政的二分法甚至是公共管理学科产生的前提，政治与行政二分也成为

公共管理学坚持的首要原则[①]。随后，一些学者认识到政治与行政不能分开，认为公共管理并不是一个纯粹的技术问题和科学问题，公共管理具有政治性，于是提出了民主行政的范式。民主行政理论认为政治价值会影响行政选择，事实与价值不可能分离，行政应该致力于追求美好生活。为此，民主行政成为公共管理学的重要理论流派，它在不同时期以不同形式被反复提起，提醒研究者不要忽视公共管理的政治逻辑，公共管理更不能价值无涉，追求公共利益和公共价值应该成为公共管理的使命和责任。随着合作生产、合作治理、协同治理、互动治理等理论被提出，治理理论开始取代行政理论，主张政府与其他治理主体一起共同解决公共问题和提供公共服务，公共管理也迎来了治理转向。公共管理的治理转向并非削弱了政治的作用，相反，它需要我们将治理与民主结合起来，以治理民主取代民主行政。2013 年，党的十八届三中全会提出全面深化改革的总目标是“完善和发展中国特色社会主义制度，推进国家治理体系和治理能力现代化”。这意味着，在中国，治理民主就是坚持党对国家治理的领导，突出人民主体地位，以及将全过程人民民主与国家治理体系和治理能力现代化有机整合，切实将治理民主体现在各层次、各环节、各领域和各系统的治理实践中，真正让人民当家作主。

北京市接诉即办改革实践是将全过程人民民主理念引入治理领域，在超大城市治理场域探索治理民主的有益尝试。民有所呼、我有所应，增强回应性是治理民主的首要含义。公共政策的议程设置理论也强调只有政府的议程设置符合民众的偏好，公共政策才能体现民主性，而控制议程也是实现政治操纵的重要手段。北京市接诉即办改革就是希望通过以 12345 市民服务热线为主渠道，对 50 多条服务热线加以整合，以实现“一号响应”。通过这些改革，民众将会更便捷和以更低成本向政府提出诉求，这是实现民主管理的第一步。2019 年以来，北京市一共受

① Wilson W. The study of administration[J]. Political science quarterly, 1887, 2(2): 197-222.

理了 7 000 多万件市民诉求，其中 2022 年接近 4 000 万件，超过了之前 3 年的总和。在解决民众的急难愁盼问题时，通常涉及不同层级、不同类型的政府和部门，需要政府间和部门间通力合作，有时还涉及中央部门与地方政府之间的合作，在合作过程中行政民主很重要。不同层级和类型的政府与部门针对问题及其原因、解决方案、各自责任进行沟通、对话和协商，从而形成共识，这是行政民主的实现过程。以央产小区的治理为例，它需要来自中央部委、市、区、街道等多层级政府的民主协商，彼此形成信任，各自贡献资源和力量来促进问题解决。此外，很多棘手难题并非政府一家能够解决，需要民众、社会组织、企业等多元主体参与，只有多元协商才能形成共同行动，这也是治理民主的实现过程。政府在回应民众诉求和解决问题的过程中，回应、合作、参与等只是治理民主在接诉即办改革中的三种表现形式，不同治理主体创造性地发展了多种多样的治理民主形式。全过程人民民主是一种理念，治理民主是治理领域的实现形式，接诉即办改革则创新了多样性的治理民主实践方式。实践没有止境，民主也会没有止境，治理民主也会以其丰富的多样性展现自身的价值。

三、接诉即办改革通过基层民主实现全过程人民民主

全过程人民民主的理念在基层就会体现为基层民主，它要求民众在城乡社区实现群众自治。针对基层民主，党的二十大报告提出："健全基层党组织领导的基层群众自治机制，加强基层组织建设，完善基层直接民主制度体系和工作体系，增强城乡社区群众自我管理、自我服务、自我教育、自我监督的实效。完善办事公开制度，拓宽基层各类群体有序参与基层治理渠道，保障人民依法管理基层公共事务和公益事业。"基层治理是国家治理的基石，基层民主是基层治理的内在要求，失去了基层民主，基层治理就会没有生命力。由此可见，基层民主是全过程人

民民主的重要体现，它以城乡社区自治为治理形式，切实保障人民通过自我管理、自我服务、自我教育、自我监督在基层治理领域实现人民当家作主。基层民主尽管级别和层次不高，但是它的功能和价值很大。一方面，民众可以通过基层民主切实感受当家作主，这使得人民当家作主看得见、摸得着。事实上，民众对于这些基层事务可能会有更加直观的感受，他们的利益也会更多地受其影响。如果民众对与自身利益密切相关的事务都不能参与和发挥主体作用，那么民主就只是一种装饰。另一方面，民众可以通过基层民主学习和掌握民主的技艺，这种学习可以让他们在更高层次行使民主选举、民主协商、民主决策、民主管理、民主监督的权利，确保人民依法通过各种途径和形式管理国家事务，管理经济和文化事业，管理社会事务。当然，这两个方面的功能和价值在某种程度上也是一个整体，是上下贯通、相互促进和共同发展的。

北京市接诉即办改革推动到基层一线解决问题，让基层民主在更多治理场景中得以实现，激发人民群众的积极性、主动性、创造性，形成了共建共治共享的基层治理格局。接诉即办改革对于基层民主起到了催化剂作用，更多的诉求和问题使得各级治理主体不得不通过基层民主来解决基层公共问题，民众的公共精神也得以培养，社区社会资本水平得以提升。以老旧小区改造为例，它不仅需要政府投入，还需要居民支持，很多公共空间的设计与功能分配都需要通过基层民主协商来解决。北京市西城区大栅栏街道推行“圆桌工作法”，激发居民参与社区治理的积极性，不断完善社区居委会、物管会、物业企业、社会组织、辖区单位和居民的共建共治体系，真正实现问需于民、问计于民、问效于民。2019 年底，大栅栏街道启动厂甸 11 号院公共空间改造项目。为充分了解居民对增加适儿和适老设施等方面的需求，街道一改以往“政府干、群众看”的工作模式，主动邀请 204 户、714 人次居民召开“圆桌讨论会”，共商改造建设、功能布局、景观提升、运行维护等事项，征集采纳 1 287 条合理化建议。事实上，“圆桌工作法”只是西城区推行

“社区议事厅”的一个典型案例，基层民主在基层治理实践中有着广泛实现。近年来，西城区高度重视发动居民参与基层社会治理，以“基层民主协商标准化试点”项目为契机，建立基层民主协商标准体系，增强议事协商的科学性和时效性，引导居民采用标准化的议事协商方式解决社区事项。2021 年 7 月，西城区基层民主协商标准体系开始运行，截至 2022 年 1 月，已在全区 15 个街道 263 个社区推广试用，真正让有事“要”商量变成有事“会”商量。

四、接诉即办改革通过立法民主实现全过程人民民主

全过程人民民主在立法领域就体现为立法民主，人民要通过人民代表大会立法，实现依法治国、依法执政、依法行政的有机统一。在立法过程中要体现以人民为中心，就需要遵循立法民主的逻辑，让人民全面参与立法的过程，包括选出人大代表、提出意见和建议、监督法律实行、评估立法效果等。立法民主对于全过程人民民主而言意义重大，这既是由立法的重要性决定，也是由人民当家作主的价值目标决定的。法律是人民对国家事务进行管理的重要工具和手段，法律由人民来制定，这是中国特色社会主义法治的核心准则。法律的重要性也使得它成为衡量人民当家作主的试金石，法律按照人民意志来制定，才能够真正实现人民当家作主。事实上，立法民主是民主和法治的有机结合，也是习近平法治思想的内在要求。2020 年 11 月 16 日至 17 日，中央全面依法治国工作会议在北京召开，习近平强调：“要坚持以人民为中心。全面依法治国最广泛、最深厚的基础是人民，必须坚持为了人民、依靠人民。要把体现人民利益、反映人民愿望、维护人民权益、增进人民福祉落实到全面依法治国各领域全过程。推进全面依法治国，根本目的是依法保障人民权益。要积极回应人民群众新要求新期待，系统研究谋划和解决法治领域人民群众反映强烈的突出问题，不断增强人民群众获得感、幸

福感、安全感，用法治保障人民安居乐业。”

接诉即办改革很好地处理了改革与立法之间的关系，并且在《北京市接诉即办工作条例》（以下简称《条例》）的制定中体现了立法民主的逻辑。党的十八届四中全会审议通过的《关于全面推进依法治国若干重大问题的决定》提出要“实现立法和改革决策相衔接，做到重大改革于法有据、立法主动适应改革和经济社会发展需要”的新的时代命题。《条例》的制定很好地平衡了改革与立法之间的关系，努力实现将固化改革成果的“制度保障法”与破解难点痛点的“深化改革法”相统一，在总结改革成果的同时，进一步完善制度设计。《条例》的制定贯彻全过程人民民主要求，在立法过程中采取一系列开门立法、民主立法的有效措施和工作方法，确保立法的科学性、民主性。

立法项目的提出既来自北京市委决策部署，也来源于北京市人大代表的提案建议。张梅菊等 26 名市人大代表在 2021 年 1 月召开的市第十五届人民代表大会第四次会议期间提出“关于制定《北京市接诉即办工作条例》”的议案。随后，北京市人大常委会认真研究办理代表议案，邀请议案领衔代表参加立法调研，召开座谈会多次征求代表意见，在《条例》草案中充分吸收议案关于建立党建引领的接诉即办领导体系、健全完善科学高效的接诉即办工作体系等意见建议。在政府调研起草阶段，北京市有关部门即将草案内容向社会公开征集意见，并通过召开座谈会、专家论证会等方式听取有关部门、基层工作者以及专家学者的意见。在审议阶段，北京市人大常委会坚持开门立法、民主立法，先后于不同阶段两次将草案向社会公开征集意见；召开座谈会、论证会，赴基层一线蹲点调研，广泛听取各方面意见；报请市委在市政协开展了立法协商。北京市人大常委会首批 10 个立法联系点也发挥了重要作用，北京市人大常委会领导多次到街道、乡镇代表之家、中国政法大学、中国人民大学法学院听取意见。一审后，通过全市人大代表之家和代表联络站平台征求了 11 377 名四级人大代表和 66 915 名基层工作人员、市民群众的意见。二审后，经市委同意，北京市人大常委会组织29位市级领导以代表身份深入人大代表之家和代表联络站，听取市、区、乡镇三级人大代表，接诉即办承办单位及部分市民群众的意见建议。由此可见，《条例》制定的全过程都体现了全过程人民民主的思想，也是立法民主的典范。

五、接诉即办改革通过民主监督实现全过程人民民主

全过程人民民主在监督领域表现为民主监督，只有充分发挥民主监督的作用，才能切实让人民当家作主。监督是让权力为民服务的重要手段，也是中国共产党找到的跳出历史周期率的第一条道路。只有权力受到监督，权力才会为民所用。这意味着，让人民参与监督，是全过程人民民主的应有之义。民主监督体现在各个层次、各个领域和各个方面，既有制度性监督，又有个体性监督，既有政治领域的监督，又有经济领域的监督，既有对过程的监督，又有对结果的监督。人民通过人大代表和人民代表大会行使民主监督权，这是制度性监督。人民代表大会制度的重要原则和制度设计的基本要求，就是任何国家机关及其工作人员的权力都要受到监督和制约。一方面，人大代表被赋予监督权，它们代表人民对政府进行监督。另一方面，人民代表大会也被赋予监督权，它作为一项制度来经常性监督政府的各项工作，使得政府按照预定的轨道运行。作为最高权力机关，全国人民代表大会除了对政府监督之外，还对最高人民法院、最高人民检察院、国家监察委员会等行使监督权。公民个人也可以行使监督权，这也是民主政治的应有之义。《宪法》第四十一条规定："中华人民共和国公民对于任何国家机关和国家工作人员，有提出批评和建议的权利；对于任何国家机关和国家工作人员的违法失职行为，有向有关国家机关提出申诉、控告或者检举的权利，但是不得捏造或者歪曲事实进行诬告陷害。"这说明，个人也是进行民主监

督的重要力量。

北京市接诉即办改革通过民主监督来实现全过程人民民主，把民主监督应用在接诉即办的各个领域和环节，真正让接诉即办实现为民服务的价值。事实上，北京市接诉即办改革的推出，从某种程度上看，也是自觉自主接受人民监督的过程。每一个诉求，代表了人民对政府的监督，这也是一种表达意见和建议的方式。在接诉即办的闭环管理中，对于诉求办理效果的评价权也交给民众，评价也能起到监督的效果。更为重要的是，北京市人大常委会以《条例》的贯彻实施为契机，开展法律执行的监督，这也是民主监督的表现形式。2022 年 9 月 21 日，北京市发布《北京市人民代表大会常务委员会执法检查组关于检查〈北京市接诉即办工作条例〉实施情况的报告》，该报告指出北京市人大常委会根据年度监督工作计划，成立了由 37 位委员、代表共同组成的执法检查组，对《条例》开展执法检查，推进这一“为民服务法”落地落实。这次执法检查本身就是践行全过程人民民主理念，也是监督民主的实现形式，通过发动 12 824 名三级人大代表回“家”进“站”听民意、谋对策，面向诉求人和承办单位进行第三方社会调查，收回有效问卷 25 805 份，收集意见建议 1 755 条；随机邀请拨打过 12345 市民服务热线的市民 100 余人，面对面听取《条例》实施意见。在执法检查中，北京市人大常委会通过把脉制约《条例》实施的制度机制问题，紧盯分类处理、精准派单、首接负责、“吹哨报到”、分级协调等机制运行的难点堵点问题，开展案例剖析，研提解决对策，实时督办整改。此外，北京市注重市区联动形成监督合力，制定执法检查工作手册和“全面体检”清单，对市、区执法检查组成员开展专题培训，明确检查重点，统一检查标准，将《条例》宣传贯穿执法检查全过程。北京市人大常委会执法检查组赴西城、朝阳、昌平、大兴、平谷、密云等区，深入市、区政府部门，街道、乡镇，社区（村）以及公共服务企业等 45 家单位检查《条例》实施情况，列出问题清单 47 项；各区执法检查组检查点位 100 余处，查找具体问题 200 余个，提出整改建议 100 余条。民主监督就是贯彻全过程人民民主理念，使得接诉即办改革有法可依、有法必依、违法必究。

六、接诉即办改革通过让人民生活幸福实现全过程人民民主

是否贯彻了全过程人民民主的理念，既要看过程，更要看结果，其最终目标还是追求“最广泛、最真实、最管用的民主”。2021 年 10 月，习近平总书记在中央人大工作会议上指出：“评价一个国家政治制度是不是民主的、有效的，主要看国家领导层能否依法有序更替，全体人民能否依法管理国家事务和社会事务、管理经济和文化事业，人民群众能否畅通表达利益要求，社会各方面能否有效参与国家政治生活，国家决策能否实现科学化、民主化，各方面人才能否通过公平竞争进入国家领导和管理体系，执政党能否依照宪法法律规定实现对国家事务的领导，权力运用能否得到有效制约和监督。”民主的评价标准就此提出。对于全过程人民民主而言，我们既需要关注过程，也需要评价其结果。很显然，要评价全过程人民民主的效果，最根本的还是要落实到人民是否真正当家作主。无论是国家权力是否得到监督，民众能否管理国家事务，还是决策是否科学、民主，这些都是人民当家作主派生出来的评价标准。简言之，人民当家作主是总目标和总标准，围绕国家权力以及人民与国家权力之间关系形成的评价标准则是总目标和总标准的派生目标和派生标准。人民在政治上当家作主，最终还是要生活幸福。从这个意义上看，人民通过当家作主是否让生活幸福，应该是评价全过程人民民主的终极目标和终极标准。由此可见，一旦全过程人民民主的实施让人民生活幸福，我们就可以说这是好的民主。

接诉即办改革通过治理民主、基层民主、立法民主和民主监督等举措，切实提升了人民的获得感、幸福感和安全感，实现了全过程人民民

主的终极目标。北京市接诉即办改革始终坚持“民有所呼、我有所应”，通过回应一个个具体诉求和解决急难愁盼问题实现以人民为中心。在建立接诉即办运行机制的过程中，民众的评价成为衡量诉求办理效果的唯一标准，以市民的主观评价为基础来对各级政府和部门进行排名，并通过排名来激发各类治理主体的为民服务情怀。为了更好地评价各级政府和部门的为民服务水平，北京市还专门设计“七有”“五性”的评价指标来衡量治理水平，通过排名的指挥棒来引导各级治理主体关注民生，通过改善民生来让人民生活幸福。事实上，让人民生活幸福是党的宗旨和使命，这也是检验接诉即办改革是否真正遵循全过程人民民主理念的试金石。如果接诉即办改革仅仅是形式上按照全过程人民民主运行，但是人民没有获得感，很显然也不是真正的全过程人民民主。从北京市的响应率、解决率和满意率等“三率”指标看，它们的水平不断提升，其中解决率从最初的 40% 左右上升到 90% 左右，这也说明接诉即办改革在让人民生活幸福方面发挥了重要作用。

第十一章
接诉即办的治理经验

习近平总书记在《关于〈中共中央关于党的百年奋斗重大成就和历史经验的决议〉的说明》中，针对中国共产党百年奋斗的历史意义提出："这五条概括，既立足中华大地，又放眼人类未来，体现了中国共产党和中国人民、中华民族的关系，体现了中国共产党和马克思主义、世界社会主义、人类社会发展的关系，贯通了中国共产党百年奋斗的历史逻辑、理论逻辑、实践逻辑。"因此，将历史逻辑、理论逻辑、实践逻辑进行有机融合，回答好"看清楚过去我们为什么能够成功、弄明白未来我们怎样才能继续成功"的历史之问，这是党和国家做好各项工作的根本遵循。

从接诉即办改革的成效来看，我们可以总结出十三条治理经验：（1）坚持党的领导、人民当家作主和依法治国的有机统一；（2）坚持人民至上和人民责任的有机统一；（3）坚持问题解决和治理改革的有机统一；（4）坚持当下治理和未来治理的有机统一；（5）坚持政治激励和纪律约束的有机统一；（6）坚持顶层设计和基层创新的有机统一；（7）坚持框架结构和迭代更新的有机统一；（8）坚持整体推进和重点突破的有机统一；（9）坚持改革创新和制度保障的有机统一；（10）坚持政府主导和社会协同的有机统一；（11）坚持诉求驱动和技术驱动的有机统一；（12）坚持守土有责、区域联动和央地互动的有机统一；（13）坚持时不我待和久久为功的有机统一。

一、从治理系统视角看接诉即办改革的治理经验

2021 年 12 月 19 日，北京市发布《坚持人民至上深化党建引领城市治理体制机制创新——北京接诉即办改革报告》，分别论述了改革背景、改革历程、改革实践、改革成效和未来展望等内容，对接诉即办改革 3 年的实践进行了全面梳理和系统总结。报告的发布是继北京市首次发布《2020 年“接诉即办”改革工作年度报告》和颁布《北京市接诉即办工作条例》（以下简称《条例》）之后又一重要事件，标志着接诉即办改革从实践探索向理论自觉转变。接诉即办改革实现了从回应诉求和解决问题向市民诉求驱动超大城市治理的跨越，探索了一条超大城市治理的新路。

接诉即办改革在探索超大城市治理新路的过程中，形成了何种治理经验？这是对接诉即办改革进行回顾应该关注的根本性问题，也是进一步实现接诉即办改革可持续发展的关键。为此，我们可以从治理系统视角思考接诉即办改革的治理经验，总结接诉即办改革取得成效的原因。一方面，接诉即办改革在推进过程中，形成了以诉求办理和问题解决为核心的治理子系统；另一方面，接诉即办改革要实现诉求驱动超大城市治理，需要和基于常规治理任务所形成的治理系统进行有效融合。此外，接诉即办改革所形成的治理子系统必然会受到作为整体的治理系统的影响，治理子系统和治理系统之间良性互动是接诉即办取得成效的根本。这意味着，接诉即办改革的治理经验，既包括使用和借鉴所有治理系统的治理经验，又包括针对诉求办理和问题解决而形成的新治理经验（见表 11-1）。

从表 11-1 可以看出，接诉即办改革很好地将中国治理的一般经验和基于诉求办理与问题解决而形成的创新经验有机结合，形成了推动接诉即办改革取得成效的十三条治理经验。一般经验代表了基本原理，创新经验代表了因地制宜，两者缺一不可。创新经验和一般经

验也是不断互动的过程，当创新经验被更多地方接受和在更高层次被接受时，它也会成为一般经验。接诉即办改革的十三条治理经验既可以帮助我们理解其取得效果的原因，又可以让我们在进一步推进接诉即办改革中找到方向。与此同时，这些治理经验的总结，还可以方便其他地区在学习和借鉴北京市接诉即办改革时，能够很好地找到其诀窍，这也是接诉即办改革可复制、可推广的前提条件。

表 11-1　接诉即办改革的治理经验

治理经验的类型	
治理子系统创新经验	治理系统一般经验
（3）坚持问题解决和治理改革的有机统一 （4）坚持当下治理和未来治理的有机统一 （7）坚持框架结构和迭代更新的有机统一 （8）坚持整体推进和重点突破的有机统一 （11）坚持诉求驱动和技术驱动的有机统一 （13）坚持时不我待和久久为功的有机统一	（1）坚持党的领导、人民当家作主和依法治国的有机统一 （2）坚持人民至上和人民责任的有机统一 （5）坚持政治激励和纪律约束的有机统一 （6）坚持顶层设计和基层创新的有机统一 （9）坚持改革创新和制度保障的有机统一 （10）坚持政府主导和社会协同的有机统一 （12）坚持守土有责、区域联动和央地互动的有机统一

二、坚持党的领导、人民当家作主和依法治国的有机统一

接诉即办改革是一条热线撬动的治理革命，其首要的治理经验是坚持党的领导、人民当家作主和依法治国的有机统一。接诉即办改革在治理全过程体现了坚持党的领导，“书记抓，抓书记”是其最好概括。接诉即办改革中坚持党的领导，最为重要的要素包括市委主要领导注意力分配、成立专项小组、区委书记 / 党组书记月度点评会、压实各级党组织书记责任和党建引领。从 2018 年 8 月首次召开的北京市委区委书记月度点评会开始，北京市委主要领导开始利用媒体反映问题作为主渠道。从 2019 年 1 月开始利用 12345 市民服务热线作为主渠道，持续回

应市民诉求，强调“民有所呼、我有所应，闻风而动、接诉即办”。而从2021年开始，为了突出接诉即办的改革色彩，并且将接诉即办改革纳入市委组织体系，北京市开始在北京市委全面深化改革委员会下设立专项小组，统筹推动该项改革。在北京市委的推动和带领下，北京市各区委书记、市直部门党组书记、343个街道乡镇书记、3 400多个社区书记等都十分重视接诉即办改革工作，党的领导得到了体现。党建引领也成为基层治理的重要路径，通过发挥党建协调会、党员报到等个体和组织作用，实现对各种资源和力量的整合，以回应市民诉求和促进问题解决。

接诉即办改革坚持人民当家作主和依法治国，其最集中表现在《条例》的出台。接诉即办是人民当家作主的一种重要形式，也是全过程人民民主在首都北京的生动实践。人民当家作主有很多表现形式，如民主选举、民主管理、民主监督等，而接诉即办改革则丰富了人民当家作主的内涵，它通过回应市民诉求来体现人民当家作主。接诉即办改革最大的特点是议程设定权由政府主导回到民众主导，并且特别突出个体的作用，政府需要通过回应个体诉求来体现人民当家作主。从某种程度上看，这也是更高级别的人民当家作主。当然，并非民众的每一个诉求都会被办理，也需要考虑诉求是否适宜、合理和合法。《条例》的出台，正是要将诉求回应和办理纳入法治轨道，用法规将接诉即办改革固化下来，体现了全面依法治国的精神，被称为“制度保障法”。法规的出台，一方面可以使改革拥有法律依据，另一方面也为改革的可持续性提供了基础，很好地处理了改革和法治之间的关系。更为重要的是，《条例》的制定过程也体现了人民当家作主的思想，1.1万名人大代表和6.7万名基层工作人员以及市民群众广泛参与法规制定过程，提出9 000多条意见和建议，尤其是对立法中的核心议题进行建议、对话和协商，在表达民意的过程中凝聚共识，为接诉即办改革赢得最大公约数。

三、坚持人民至上和人民责任的有机统一

接诉即办改革的第二条治理经验是坚持人民至上和人民责任的有机统一，它是“人民城市人民建，人民城市为人民”的生动实践，也是践行以人民为中心的发展思想的北京样本。2018 年 8 月 31 日，北京市委召开首次区委书记月度点评会，指出：“要从受理市民诉求看作风、看执行力，看对群众的感情和态度。时刻提醒自己，坚持以人民为中心，做到民有所呼、我有所应。”由此可见，坚持人民至上和以人民为中心，是整个接诉即办改革的根本性价值追求，它体现了为民服务的理念。从某种程度上看，接诉即办改革找到了一条较为合适的路径来将人民至上从理念转化为治理实践。随着接诉即办改革的不断深入，人民至上的理念不断丰富和完善，从最初关注个体诉求，到后来注重“七有”“五性”需求，从解决个别问题，到后来通过民生工程解决系统问题，“人民立场”在诉求处理和问题解决中得到深化。北京市接诉即办改革也得到市民的热切回应，实施 3 年后诉求量已经超过 3 000 万件，从 2019 年的日均 1.9 万件，上升到 2020 年的日均 2.9 万件和 2021 年的日均 4 万件，热线来电号码数量也从 2019 年的 282 万个上升到 2021 年的 562 万个。接诉即办改革最终使得治理过程体现了更多的人民性，它是群众路线在现代治理中的创造性转化。

接诉即办改革在坚持人民至上理念的同时，也非常注重人民责任，它强调人民作为诉求提出者、合作生产者和效果评价者的三重角色。《条例》第九条对民众参与接诉即办工作中责任进行了规定，指出：“诉求人应当如实表达诉求，并对诉求内容真实性负责。诉求人应当配合诉求办理工作，尊重工作人员，维护工作秩序，客观评价诉求办理情况。诉求人不得恶意反复拨打或者无正当理由长时间占用市民服务热线及其网络平台资源妨碍他人反映诉求。”人民除了作为诉求提出者之外，更为重要的角色是作为合作生产者共同来促进问题解决，以及作为效果评价

者对诉求办理进行评判。从北京市各区接诉即办改革的实践看，很多民众反映的诉求都是棘手难题，尤其是随着改革的逐步深化，很多简单问题得到处理，留下来的都是“硬骨头”，这使得这些问题没有民众的配合尤其是积极参与，都不太可能得到妥善解决。通过我们对朝阳区双井街道垂杨柳东里社区的调研看，很多老旧小区的改造，都需要民众通过议事厅进行广泛协商达成共识，才能够使得诉求得到妥善解决，并最终实现城市让人的生活更美好的目标。事实上，接诉即办改革的深入推进，不仅不会出现民众不参与公共事务的情形，相反会激发民众参与社区治理的积极性和主动性，民众的公共精神和公共价值随之得到培育。

四、坚持问题解决和治理改革的有机统一

接诉即办改革的第三条治理经验是坚持问题解决和治理改革的有机统一，在诉求办理过程中推进首都治理体系和治理能力现代化。接诉即办的关键在办，这是对其问题解决属性的鲜明概括。事实上，诉求产生的原因是一种社会状态与民众的价值判断不相符合，使得他们产生改善现有状态的动机。例如，小区停车难、垃圾分类问题等都是居民基于主观价值判断对社会事实的建构，从这个意义上看，所有的社会问题和公共问题都是社会的建构过程。接诉即办改革首先面临的问题是鉴别市民诉求是否属于公共问题，以及政府是否应该进行干预，其次才是使用什么样的手段和方式来帮助市民解决诉求。正是在推进诉求办理中，北京市各个地方都产生了很多鲜活的问题解决方法，如大兴区的“合理诉求上门办、不合理诉求上门劝、咨询建议上门谈”的“三上门”工作方法，房山区长阳镇推出“党建统筹，九元共治”的社区治理方法，西城区专门推出“最美办件人”等。基于市民诉求，北京市进一步建构了超大城市治理所面临的“问题框”，形成了三级分类指标框架，其中一级 45 类问题，二级 435 类问题，三级 2 240 类问题。从北京市发布的

2019—2021 年市民热线数据看，群众反映前 10 类问题是疫情防控、市场管理、住房、城乡建设、交通管理、公共服务、社会秩序、卫生健康、教育、劳动和社会保障。

在推动诉求办理和问题解决的同时，北京市十分重视接诉即办的治理反馈效应，通过接诉即办改革来实现治理改善。从政策反馈理论的视角看，接诉即办改革在解决问题的同时，也会对治理产生反馈效应。在这里，所有的治理反馈效应主要是通过解决问题来发现治理的短板和不足，对治理体系和治理能力进行优化。从某种程度上看，市民诉求本身是市民对治理效果的一种反馈，更多的市民诉求说明在某些方面治理存在不足。市民诉求扮演着治理信号的角色，也被认为是超大城市治理的“晴雨表”，如果能够正确对待，就能够起到对治理系统优化的作用。接诉即办改革一旦从信号的作用进行理解，就实现了从解决问题到解决问题产生的根源转变，这是接诉即办改革水平和层次提升的体现。例如，北京市为了更好地实现派单，就会促使不同层级政府和不同类型政府部门厘清职责范围，这是治理现代化的前提和基础。此外，随着接诉即办改革的开展，很多政府部门开展“局处长走流程”，通过角色互换来审视治理过程，从而进一步提升治理水平。事实上，随着接诉即办改革的深入推进，各级政府和部门及其公务员解决问题能力、统筹资源能力、协调能力、沟通能力、组织能力等都会得到较大提升，治理能力在诉求办理和问题解决中得到锻炼。

五、坚持当下治理和未来治理的有机统一

接诉即办改革的第四条治理经验是坚持当下治理和未来治理的有机统一，在着眼解决当下问题的同时，通过谋划未来可能面临的问题与挑战进行前瞻性治理。接诉即办改革在最开始时主要属于回应式治理，即着眼于使用现有资源和手段对市民诉求进行办理。尽管在 2019 年开始

推行接诉即办改革时，北京市委主要领导就提出既要有一办一，又要举一反三，但是，在最初应对市民诉求时，各级治理主体主要还是着眼于解决眼前问题和当下问题，更多是通过救火来应对上级考核。很多治理主体以解决当前问题为主要目标，并且存在追求高分的短视目标，这使得它们不能够认真对待市民诉求，在办理市民诉求时，也不会有从容的心态。当市民诉求办理不好，它们又认为自己付出很多，这个时候就形成一种“低绩效陷阱”，即越是诉求办理绩效差，越是不再努力，而不努力又会进一步使得绩效变差。因此，我们常常看到有一些街道和乡镇的绩效长期处于底部区域，这些地方既没有信心也没有动力进行改善。与此同时，一些街道和乡镇主要着眼于眼前问题解决时，也会出现绩效不稳定，有些月份成绩可能排名靠前，有些月份绩效排名则靠后。

要避免“低绩效陷阱”和实现长期绩效排名靠前，就需要治理主体在着眼于当前问题解决的同时，思考未来治理，通过未来治理来应对当下治理面临的困境。未来治理属于前瞻治理的范畴，它需要依靠治理主体的预测能力来提前解决问题，避免问题产生后再着眼于解决，或者当问题处于萌芽状态时提前解决，这也是北京市推行“主动治理、未诉先办”的核心要义。事实上，尽管北京市从 2019 年 3 月份开始就提出接诉即办要与主动治理相结合，随后进一步提出要与依法治理、社会共治相结合，但是真正从理念到整体实践的转变还是从 2021 年的“每月一题”机制开始。“每月一题”机制的提出，以及区域治理的推动，都是未来治理的表现形态。当然，真正要实现未来治理，既需要治理主体能够提前研判未来一段时间可能面临的治理难题和挑战，又需要提升和培养敏捷治理能力，使得治理主体能够快速对治理问题进行应对。未来治理既是一种治理理念，又需要通过一系列制度、技术和组织安排来将理念转化为行动。而最终对未来治理绩效的检验还是需要看当下治理的能力和水平，当然未来治理本身也是一种长期主义治理思维，它需要通过对长期绩效和绩效可持续性等指标来判断未来治理的绩效。当前，很多地方也开始利用人工智能、信息技术和大数据来推动未来治理，提升治理主体对于未来的研判能力、掌握能力和解决问题能力。

六、坚持政治激励和纪律约束的有机统一

接诉即办改革的第五条治理经验是坚持政治激励和纪律约束的有机统一，将为民服务提升到政治高度，从政治上看接诉即办改革，并且强调用纪律约束官方行为，使得其为民办事。习近平总书记多次指出，江山就是人民，人民就是江山。在广西考察时，习近平总书记进一步指出，让人民生活幸福是“国之大者”。在这个意义上，北京市接诉即办改革之所以能够取得成效，与北京市委主要领导从政治高度看待接诉即办改革，突出接诉即办改革所蕴含的政治价值，并且强调从政治激励角度推行接诉即办改革分不开。2019 年 6 月 30 日，北京市委召开区委书记月度点评会，强调：“要结合‘不忘初心、牢记使命’主题教育，不断坚持和完善接诉即办机制，形成大抓基层、到基层一线解决问题的导向，不断增强人民群众的获得感、幸福感、安全感。”2021 年，北京市委又开始将接诉即办改革与党史学习教育以及“我为群众办实事”联系起来，强调：“发挥接诉即办主抓手作用，拿出解决民生问题的实招硬招，巩固和拓展基层治理体系和治理能力现代化的‘北京经验’。”通过将接诉即办改革与“不忘初心、牢记使命”和“我为群众办实事”联系起来，就会形成较强的政治激励，在接诉即办改革中提升官员的政治判断力、政治领悟力和政治执行力。

接诉即办改革在注重政治激励的同时，也会强调纪律约束，通过发挥各级纪委、新闻媒体和人民群众的监督作用，形成对诉求办理和问题解决的有效约束。对于接诉即办改革，仅仅有正向激励还不够，还需要从惩罚的角度进行负向激励，对不作为、乱作为和胡作为的干部和工作进行监督。为此，北京市纪委率先将接诉即办改革作为专项监督的内

容，持续开展监督，督促各级官员正确履职。而随着“每月一题”的推进，北京市纪委也将“每月一题”纳入专项监督的内容，强调“全市各级纪检监察组织要立足职责定位，准确把握工作重点，处理好主体责任与监督责任、抓本级与抓系统、每月重点与全年滚动、监督执纪与推动治理四对关系，推动专题监督取得实效”。除了市级纪委发挥作用之外，各区纪委也特别重视纪委的专项监督作用。例如，平谷区纪委监委联合相关部门对接诉即办月度考核中排名靠后的 3 个乡镇（街道）开展集中约谈，强调“要直面接诉即办工作中的问题，乡镇（街道）党（工）委和纪（工）委要认真落实主体责任和监督责任，提高对‘诉’的重视，加强‘办’的质量，严肃‘督’的力度，促进接诉即办工作取得更好的成效”。在发挥各级纪委监督作用的同时，北京市也十分重视新闻媒体、市民个人对于接诉即办的监督，通过发挥监督合力来改进工作绩效。

七、坚持顶层设计和基层创新的有机统一

接诉即办改革的第六条治理经验是坚持顶层设计和基层创新的有机统一，既实现集中统一领导，又充分发挥各方积极性。接诉即办改革能够取得成功，离不开北京市委的统筹谋划、顶层设计和高位推动，它是一项自上而下的改革。接诉即办有很多顶层设计的色彩，它可以体现为渠道设计、组织设计、制度设计和机制设计等各个方面。在渠道设计方面，接诉即办改革能够取得成功的关键是重新激活 12345 市民服务热线，并对现有热线进行整合，实现了“一号响应”。与渠道设计相对应，北京市针对接诉即办改革进行组织设计，通过成立领导机构、专项小组或工作专班，建立健全党委领导、政府负责、部门协同、街道乡镇以及承担公共服务职能的企事业单位落实、社区（村）响应的责权明晰的领导体系和工作体系。对于制度设计，则体现为针对接诉即办改革制定了各项规章制度，使得治理有规可循。更为关键的是，北京市在推行接诉

即办改革时，通过机制设计使得各级政府开始重视对民众诉求的办理和问题解决，这些机制主要包括直接派单机制、考评机制、点评机制、首接负责机制等，真正形成了到基层一线解决问题的鲜明导向，推动超大城市治理的重心下移。

基层创新是接诉即办改革具有生命力的直接表现，这也与诉求办理和问题解决的本质属性具有内在契合性。无论是诉求，还是问题本身，都具有当地性，这使得诉求办理和问题解决不可能有“万能药”，都需要因地制宜。此外，由于很多诉求的问题是棘手难题，这使得解决方法需要具有创造性。为此，不同区、部门、街道、乡镇、社区等为了回应诉求，形成了各种诉求办理工具箱，这些工具箱还会随着时间演进而不断丰富和完善。正如北京市委主要领导所指出的，接诉即办只有进行时、没有完成时，这使得基层创新也只有进行时、没有完成时，基层治理主体需要结合不同问题情景和问题空间，创造性提出解决方案，这样也会形成多样性的创新治理工具和手段。而随着不同地方基层创新经验的丰富，也会进一步激励不同治理主体之间相互竞争、学习和模仿，有利于形成新的治理创新方法和手段。当有更多的治理主体选择基层创新时，治理创新会深化为一种创新生态，在这种创新生态之下创新具有可持续性。此外，基层创新也会为顶层设计提供丰富的素材，有一些可推广、可复制的创新经验就会上升为顶层设计要素，进一步丰富和完善顶层设计实践。

八、坚持框架结构和迭代更新的有机统一

接诉即办改革的第七条治理经验是坚持框架结构和迭代更新的有机统一，这是互联网思维在治理过程中的应用。摩尔定律告诉我们，集成电路上可以容纳的晶体管数目大约每经过 18 个月便会增加一倍。这一定律的引申含义强调创新会不断迭代更新，新的版本会取代旧的版本，

新的创新会取代旧的创新。很显然，我们不可能完全想好一个方案之后再去行动，相反要在行动中学习，在学习中行动，边行动边学习，边学习边行动，这也是人类社会进入数字时代的典型特征。当然，迭代更新并非意味着框架结构会发生变化，相反可以在框架结构保持稳定的情况之下，通过不断迭代更新来提升治理效能。以计算机为例，计算机的构造原理本身没有太大变化，但是通过不断迭代更新使得计算机越来越智能。当然，如果创新发生范式性变迁，框架结构本身也会迭代更新。很显然，经过几年的运行，接诉即办的框架结构基本没有发生太大的变化，其领导体系、工作体系、运行机制和制度规范等保持稳定，但是框架中每一项具体内容有可能随时更新。以接诉即办的考评机制为例，在保持“三率”稳定的情况之下，具体的考核指标和内容也在不断迭代更新之中。

对于接诉即办改革而言，其迭代更新更多体现为内容和要素的迭代更新，主要体现为原有要素的优化以及新要素的增加。原有要素不断优化的例子，最典型的就是派单机制、考评机制和争议处理机制等。而新要素的增加则是迭代更新的重要内容，其中具有典型性和代表性的主要是“主动治理、未诉先办”和主动服务的内容。在推行接诉即办改革不久，北京市就将“治理类街乡镇”作为整治重点，这是新元素的加入。随后，在主动治理和未诉先办中，又通过“每月一题”来处理共性问题实现专项治理，这是接诉即办改革的又一次重要迭代。2021 年 12 月，随着北京市 12345 服务导图的上线，实现了咨询信息和地图信息的融合，标志着“咨询服务”和“诉求办理”开始并驾齐驱，为民服务的内涵更加丰富。对于 12345 服务导图而言，这也是政府与社会进行合作，引入第三方参与接诉即办改革的典型。可以预期，随着更多主体参与接诉即办改革，尤其是互联网公司的参与，会推动接诉即办改革迭代速度加快。很显然，实践会不断发展，也会产生更多的问题与挑战，这也会激发接诉即办改革进一步实现迭代更新。

九、坚持整体推进和重点突破的有机统一

接诉即办改革的第八条治理经验是坚持整体推进和重点突破的有机统一，整体推进强调诉求办理和问题解决水平全面提升，重点突破强调弥补治理短板和弱项，其最终目标是实现首都治理体系和治理能力现代化。整体推进体现在治理主体的全部参与、治理区域的全部覆盖和治理任务的全部涵盖，是以诉求驱动超大城市治理的系统性变革。接诉即办改革之初主要是针对区县、街道、乡镇和社区，随后把市直部门、承担公共服务职能的国有企业包含在内，实现了所有治理主体都回应市民诉求。北京市发布的 2019—2021 年数据报告显示，区级部门承办占比 37.8%，街道乡镇承办占比 36.0%，市属机构承办占比 16.1%，国有企业承办占比 7.4%，电商企业等其他单位承办占比 2.7%。从这一数据看，市级、区级和街道乡镇基本上达到了各占 1/3 左右的比例，这也符合各级政府职能定位。从某种程度上来看，让区级和市级承担诉求办理，这既是为基层减负的表现，也是各级政府抓基层的体现。北京市在推行接诉即办改革时，并没有进行试点，而是在全市范围内推行，无论是核心区，还是中心城区，无论是平原新城，还是生态涵养区，都需要办理市民诉求和促进问题解决。全治理主体的参与和全治理区域的覆盖也使得接诉即办改革包含了政府承担的所有职责事项，只要是合法合规的，政府就需要及时回应、有效应对和高效解决。

重点突破是接诉即办改革将基层治理作为重点和重心，并且非常强调对诉求量高的街道乡镇进行集中整治。中国的行政体制逻辑基本上是下管一级，一级抓一级，而接诉即办改革则实现了北京市委直接抓基层的工作导向，这一制度的实现主要是通过派单机制改革来完成。为了抓基层和推动各级政府治理重心下移，北京市委市政府根据属地管理原则将属于街道乡镇职责范围的事项直接派给街道乡镇进行办理，在给街道乡镇派单的同时也给区政府派单，改变了传统上市级政府给区政府派

单、区政府给街道乡镇派单的模式，减少了信息流通的环节和通道。与派单机制相对应，市委市政府直接对街道乡镇办理情况进行考核，实现了考核权的上收。通过派单机制和考核机制，实现自上而下和自下而上的融合，改变了首都基层治理格局。在推动形成到基层一线解决问题导向的同时，北京市委市政府提出了“治理类街乡镇”整治计划，重点对每月诉求量前10位和人口超过20万的街道乡镇进行整治提升，这是实现治理区域补短板强弱项的集中体现。在30个市级督导的“治理类街乡镇”中，有16个已经退出市级督导，取得了较好效果。

十、坚持改革创新和制度保障的有机统一

接诉即办改革的第九条治理经验是坚持改革创新和制度保障的有机统一，使用改革的方法来破解难题，应用制度来规范改革，实现改革和制度的协同。2016年7月1日，习近平总书记在庆祝中国共产党成立95周年大会上的讲话中指出：“改革和法治，如鸟之两翼、车之两轮。”《条例》出台时，北京市在对法规进行解读时突出了“深化改革法”和“制度保障法”，就是对改革创新和制度保障有机统一的最好概括。事实上，接诉即办改革的提出和强调是事物内在发展规律的必然结果，简单的诉求能够在现有框架下办理时就不需要改革，而随着复杂诉求和棘手难题的涌现，突破了现有的政策框架，就需要通过改革来实现诉求办理和问题解决。因此，北京市在2021年提出“每月一题”时，就将接诉即办改革纳入全面深化改革的范畴，成立专门小组来推进接诉即办改革。当前，最能够体现接诉即办改革色彩的是市规划和自然资源委员会为了破解“房产证办理难”，提出了“尊重历史、无错优先、违法必究”的原则，建构了“1+10+N”的政策体系，连续两年办理了超过15万套房屋的不动产登记难题。可以预期，随着接诉即办改革的深入，其改革

创新的特征会更加鲜明，通过改革创新推动首都治理体系和治理能力现代化的特点也会更加突出。

接诉即办改革在进行改革创新的同时，也十分重视制度保障，通过制度来规范运行和固化成功经验。边改革，边出台制度，这是接诉即办改革的基本经验。在开始推行接诉即办改革时，由于无规可循，就要在摸索中形成制度规范行为。除了2019年北京市政务服务管理局印发的《关于优化提升市民服务热线反映问题“接诉即办”工作的实施方案》，2020年北京市委、北京市人民政府出台的《关于进一步深化“接诉即办”改革工作的意见》，2021年9月颁布的《条例》、2021年12月审议的《关于推动主动治理未诉先办的指导意见》等重要制度文件之外，北京市还针对接诉即办的各个流程和机制出台了一系列的规章制度，保障了接诉即办改革的高效运行。应该说，随着《条例》的出台，以及《关于进一步深化“接诉即办”改革工作的意见》和《关于推动主动治理未诉先办的指导意见》的正式发布，北京市接诉即办改革的框架性制度和基础性制度已经基本建立，接下来主要是具体制度的细化和完善。当然，随着接诉即办改革实践的进一步深入，新情况、新问题和新挑战的出现也会促使北京市进一步出台新制度和优化原有制度，形成系统完备、科学规范、运行高效的制度体系。

十一、坚持政府主导和社会协同的有机统一

接诉即办改革的第十条治理经验是坚持政府主导和社会协同的有机统一，政府主导是对政府责任的强调，社会协同是对民众个人责任的强调，这也是共建共治共享的逻辑要求。接诉即办改革首先体现了政府对民众的责任，它是为民服务价值在治理领域的体现。政府存在的价值和目的就是为了解决公共问题和提供公共服务，及时回应民众诉求，针对民众诉求采取有效应对措施。从这个意义上看，接诉即办改革是政府

基本价值和责任的回归，做好接诉即办改革工作只是政府的本分，并不需要给予过多赞美和鼓励。但是由于当前存在政府脱离人民群众，造成“形式主义、官僚主义、享乐主义和奢靡之风”等四风问题再现的情况，政府部门常常“门难进、脸难看、事难办”，政府不是解决问题的工具和手段，而恰恰成为问题本身。接诉即办改革就是要改变这种现象，让人民公仆理念得以重新激活，调整政府和人民关系，建构人民满意的服务型政府。无论是为民服务的价值，还是服务型政府的目标，都使得政府在接诉即办改革中应该承担主体责任，它需要根据自身的“三定”方案（定机构、定职能和定编制）来回应市民诉求，在诉求办理和问题解决中承担政府责任。

社会协同则是接诉即办改革得以成功的另一个重要因素，它强调政府承担责任并非政府大包大揽，相反需要由个人承担的则由个人承担，需要由社会组织参与的则由社会组织来协同。只有让个人承担其应有责任，才能够真正区分个人事务和公共事务之间的边界，避免个人通过 12345 市民服务热线要挟政府，导致 12345 市民服务热线被滥用。事实上，如果没有社会协同，很多问题不可能被真正解决。当前北京市朝阳区为了应对诉求量过多的问题，根据大数据分析，从被诉求主体出发，实现政府、被诉求主体、诉求人三方联动，通过约束被诉求主体来从源头上解决问题。引入被诉求主体，这本身也是利用第三方参与诉求办理的有益尝试，更是政府与社会协同的具体表现。越是到基层，需要进行协同的内容越多。以社区治理为例，很多市民诉求涉及复杂的邻里纠纷，这些纠纷处理最终需要居民之间通过协商、议事和对话来解决。目前，很多老旧小区改造，既需要引入社会资本作为第三方来参与改造，又需要居民个人参与具体方案、设计和规划的论证，同时也需要政府适当给予资金和政策支持，这些最能够体现政府主导和社会协同之间的有机统一。以西城区为例，大栅栏街道“圆桌会议”就是希望将家的概念引入，在基层党委的引领下，倡导居民、相关利益方、社区自治组织、小区物业、政府相关部门等，围绕所反映的诉求，共同讨论、协商、拿主意。

十二、坚持诉求驱动和技术驱动的有机统一

接诉即办改革的第十一条经验是坚持诉求驱动和技术驱动的有机统一，诉求驱动主要是基于市民诉求来推动超大城市治理改革，技术驱动主要是基于技术变革来推动超大城市治理改革，在实施市民诉求驱动的同时，通过引入技术力量来优化市民诉求驱动，开创了诉求驱动超大城市治理创新的新路。对于超大城市治理改革，目前比较流行的路径主要是基于物联网的城市大脑路径，通过引入大数据、人工智能和新一代信息技术来实现智能城市治理。城市大脑路径本质上仍然是以城市的物理系统为主，依托物联网全方位对超大城市的感知来推进治理，从某种程度上看是传统城市管理的智能化升级。例如，上海推行的“一网统管”，杭州推行的“城市大脑”，都属于技术驱动的路径。这些路径的根本特点是人要适应技术，由技术来对人进行监管。相反，市民诉求驱动的超大城市治理改革，则属于人的路径，它通过以人的感知为基础来重新构造超大城市治理格局。市民诉求驱动超大城市治理，意味着人重新回到城市治理的中心位置，以人的需求、感知、态度、评价等来审视超大城市治理水平。市民诉求驱动超大城市治理也是“人民城市人民建，人民城市为人民”理念的具体实现，找到了不同于技术驱动的新路径。

接诉即办改革以市民诉求驱动超大城市治理，并非不要技术驱动，而是技术驱动服务和服从于市民诉求驱动，它的根本目的是通过市民诉求驱动的智能化来提升诉求驱动水平。当前，北京市很多区开始尝试建立大数据的诉求响应平台，将大数据技术应用于诉求办理的全流程。针对接诉即办改革的方向，北京市政务服务管理局提出技术赋能，强调“智能受理、智能派单、智能办理、智能回访、智能分析”等“五个智

能”。当前，朝阳区在利用 AI 技术对接诉即办改革进行改造时，已经开始使用机器人进行智能派单，并且尝试逐步提升机器人派单占整个诉求派单的比例。与此同时，朝阳区也开始建立智能分析系统，针对群体性诉求及时采取有效应对措施，化解了社会稳定风险。此外，石景山区通过采用“网格＋热线”的方式，试图实现诉求驱动和技术驱动的双融合，来提升整个城市治理的智能化水平。事实上，随着诉求量的提高，智能化转向会是未来提升诉求办理效率和水平的重要方向。

十三、坚持守土有责、区域联动和央地互动的有机统一

接诉即办改革的第十二条经验是坚持守土有责、区域联动和央地互动的有机统一，这是在条块互动的情况之下，从空间治理的角度进行创新，其核心是打破诉求办理的碎片化治理格局。诉求的一体化与治理职责分工和治理边界的划定存在矛盾，这是当前诉求办理和问题解决面临的最大挑战。此前，北京市通过党建引领“街乡吹哨、部门报到”解决了基层治理中的条块分割问题，这一治理工具的发明为后来街道乡镇实现诉求办理和问题解决提供了新的可能性。条块问题属于职责边界问题，这一问题如果属于同一行政区域，还可以在整个行政系统之下得到妥善解决。相反，一旦跨越行政区域，就会涉及区域联动问题。此外，北京属于首都所在地，还涉及中央和地方的互动。无论是区域联动，还是中央和地方互动，这些都属于空间治理中的协同问题。这些问题的产生，其核心是诉求主体在北京市，但是诉求事项可能不在北京市管辖范围内，这使得“吹哨报到”机制不可能在跨区域或者中央与地方互动中得到实现，这就需要探索新机制来解决这些问题。简言之，首都北京要回应市民诉求，一方面要坚持守土有责，但是另一方面，由于人员具有流动性，事务边界具有跨域性，职责分工存在差异性，这使得仅仅依靠北京不可能真正解决市民诉求办理。

区域联动和央地互动将会是北京未来一段时间推进接诉即办改革的重点，它需要在京津冀协同背景下和中央与地方良性互动之下实现市民诉求办理和推动棘手难题解决。以中央与地方互动为例，很多央产小区的管辖权属于中央单位，但是市民通过 12345 市民服务热线向北京市反映问题，很显然北京市在行政职权上没有权力给这些单位派单。因此，对于这类问题的解决，就需要中央部门的配合，探索一种合适的问题发现和问题解决机制。这意味着，北京市可以将市民提出的诉求转给中央部门，而这些部门是否解决，以及通过何种方式来解决，北京市从根本上没有约束权力。当然，目前西城等核心区正在探索央产小区物业管理的中央与地方合作模式，通过一定的体制机制创新，通过调动中央和地方两个积极性，来促进问题解决，切实提升央产小区居民的获得感。此外，随着京津冀协同的推进，一些市民往返于京津冀地区，在疫情防控的情况之下涉及很多问题协调，这些也需要不同地方政府的配合，才能够解决市民因为工作和居住空间行政区域分割而产生的诉求与问题。

十四、坚持时不我待和久久为功的有机统一

接诉即办改革的第十三条治理经验是坚持时不我待和久久为功的有机统一，时不我待体现了接诉即办的初衷，而久久为功则代表了接诉即办的未来。处理好时不我待和久久为功的关系，其核心和关键是处理短期和长期的关系，处理当下与未来的关系。时不我待是接诉即办最开始强调的重要内容，也是“民有所呼、我有所应，闻风而动、接诉即办”的内在要义。如果没有快速、高效和及时办理，也就失去了接诉即办的内核与价值。因此，北京市将限时办理作为一项重要的制度安排与规定，提出了突发事故及可能造成群众生命财产损失的诉求 2 小时办理、水电气热等基本生活保障诉求 24 小时办理、其他诉求按照轻重缓急 7 天办理、复杂疑难诉求 15 天办理。当然，对于特别困难的诉求，涉及

历史遗留以及法律和法规问题，则可以适当延长办理时间。但是，总体而言，快速响应是接诉即办改革的主基调，效率是其生命线。正是在这个意义上，使得接诉即办改革对于传统行政是一个重大挑战，即需要在短时间来调动资源以回应诉求，促进问题解决。而一旦诉求量或者诉求任务超过治理能力，就会给诉求办理者带来压力，这也是对治理能力的较大考验。

久久为功则是对接诉即办改革可持续性的强调，也是接诉即办改革本身面临的最大挑战。一些治理主体可能在一定时间，或者针对特定问题，能够办理好市民诉求和推动问题解决，但是治理主体是否能够在所有时间针对所有问题都有合适的解决方案？很显然，对于各级各类治理主体而言，提升接诉即办改革的长期绩效都是难题。事实上，一旦一些治理主体或者治理区域能够长期回应和办理好市民诉求，这本身也是治理体系和治理能力现代化的直接衡量指标。正是在这个意义上，北京市委主要领导在《条例》的动员会上强调接诉即办改革只有进行时、没有完成时，不可能毕其功于一役，需要长期持续努力，久久为功是其最好概括。应该说《条例》的出台，为久久为功奠定了制度基础，而真正要做到久久为功，还需要将接诉即办改革转换成为一种城市治理的文化、习惯、传统、精神和民情，实现自上而下的推动和自下而上的民情相互支撑，最终使得接诉即办可持续成为可能。如果说接诉即办改革是一件精美的艺术品，创立过程很艰难，要进行维护也同样艰难，其甚至具有“非对称性”，毁坏比创立更容易。

图书在版编目（CIP）数据

接诉即办的治理逻辑 / 李文钊著. -- 北京：中国人民大学出版社，2023.3
ISBN 978-7-300-31541-6

Ⅰ. ①接… Ⅱ. ①李… Ⅲ. ①地方政府－行政管理－研究－中国 Ⅳ. ①D625

中国国家版本馆CIP数据核字（2023）第048695号

接诉即办的治理逻辑

李文钊　著

Jiesujiban de Zhili Luoji

出版发行	中国人民大学出版社		
社　　址	北京中关村大街31号	**邮政编码**	100080
电　　话	010–62511242（总编室）		010–62511770（质管部）
	010–82501766（邮购部）		010–62514148（门市部）
	010–62515195（发行公司）		010–62515275（盗版举报）
网　　址	http://www.crup.com.cn		
经　　销	新华书店		
印　　刷	唐山玺诚印务有限公司		
规　　格	185 mm × 260 mm　16开本	**版　　次**	2023年3月第1版
印　　张	11.75　插页 2	**印　　次**	2024年12月第3次印刷
字　　数	154 000	**定　　价**	42.00元